顾客行为心理学

武永梅◎著

古吴轩出版社

中国·苏州

图书在版编目（CIP）数据

顾客行为心理学 / 武永梅著. — 苏州 ：古吴轩出版社，2016.10（2019.4重印）

ISBN 978-7-5546-0758-9

Ⅰ. ①顾… Ⅱ. ①武… Ⅲ. ①商业心理学 Ⅳ. ①F713.55

中国版本图书馆CIP数据核字(2016)第221870号

策　　划：花　火

责任编辑：蒋丽华

见习编辑：薛　芳

装帧设计：润和佳艺

书　　名：顾客行为心理学

著　　者：武永梅

出版发行：古吴轩出版社

地址：苏州市十梓街458号　　邮编：215006

Http：//www.guwuxuancbs.com　　E-mail：gwxcbs@126.com

电话：0512-65233679　　传真：0512-65220750

出 版 人：钱经纬

印　　刷：大厂回族自治县彩虹印刷有限公司

开　　本：710×1000　1/16

印　　张：14.5

版　　次：2016年10月第1版

印　　次：2019年4月第7次印刷

书　　号：ISBN 978-7-5546-0758-9

定　　价：35.00元

前言

谁懂顾客，谁赢天下

俗话说，商场如战场。在这场没有硝烟的战争中，谁搞定顾客，谁就可以赢得市场；谁赢得市场，谁就可以拥有“天下”。带兵打仗除了需要勇气，还要诸如“三十六计”这样的计谋作为支撑。同样，为了搞定顾客，不管是最原始的产品设计、研发人员，还是最前沿的销售员，都把自身的智力、想象力发挥到了一个又一个极致。古人所言之谋略多为经验之谈，放在现代社会依然可鉴，但力度不够。所以为了获得更多的顾客，推动更精准的营销，各种充满现代化的科学工具、思维方式也如同雨后春笋般地浮现：借助市场调查分析顾客的潜在需求，巧用大数据预测顾客的购买行为，更精的智能化满足顾客的特殊需要等。现如今，从心理学的角度分析顾客的行为，作为一种在商场上可以披荆斩棘的利刃，逐渐成为各大商家提高销售额、众多销售员提升业绩所日益青睐的手段。当然，在大学课堂、一些专业的机构，很多专家、学者甚至将“顾客行为心理”作为一种专门的学科加以研究，可见它的威力是多么强大，这也从侧面验证了它日后的潜力。

心理学自19世纪末与哲学分家以来，其科学性屡遭质疑，但这丝毫不能影响心理学以磅礴之势向专业化、细分化迈进。现如今，心理学已经在人的认知、情绪、人格、行为、社会关系等诸多领域蔓延。行为心理学作为心理学的一个流派，自20世纪初在美国诞生以来，便取得迅速的发展。顾客作为行为心理学的一个研究对象，伴随着市场经济的发展，也越来越受到重视。谁读懂了顾客行为背后的心理，谁就可以获取利润；谁预知了顾客心理潜在的行为，谁就可以抢占先机。所以，作为21世纪销售领域的高端人才，如果不了解顾客行为，不清楚顾客心理，无异于特种兵上了战场才发现自己带了一件尚不会操作的智能化武器。

我们都知道，要想钓鱼，就必须站在鱼的角度考虑它喜欢吃什么，然后钓的时候就在钩上挂什么。同理，要想搞定顾客，也必须站在顾客的角度考虑问题，知道他心里想什么。事实上，顾客行为正是连接你的眼睛和顾客心理最可靠的桥梁。曾经有个鞋厂经理派了两个业务员到太平洋的一个岛国考察市场，结果他们发现该岛国居民都不穿鞋。其中一位业务员回去后，把所见所闻如实报告给经理，并认为那里没有市场，不值得开发。另外一位业务员回去后，很认真地写了一份调查报告，并得出了一个截然相反的结论：该岛国市场潜力巨大。他的理由是，该岛国居民之所以不穿鞋，是因为长期的风俗习惯让他们没有意识到穿鞋的好处。而那里的居民经常奔跑、狩猎，而且还经常在树林里穿梭。如果告知他们穿鞋后，可以跑得更快、捕获更多的猎物，以及在树林里穿梭不会被树枝划破脚掌，那么他们一定会争相购买。经理采纳了第二位业务员的建议，结果真如他所料，发去的第一批货物在很短时间内就被销售一空。同样的市场，同样的顾客，两位业务员却得出了不同的结论。为什么？原因很简单，就是第一位销售员只是站在自己的角度，对顾客不穿鞋的行为作了视觉化处理，得出他们不需要的结论；第二位销售员站在顾客的角度，认为他们之所以不穿鞋，是因为他们没有穿鞋的习俗、传统。如果告知他们穿鞋的好处，他们肯定也会像其他顾客一样，对穿鞋抱有好感。据此，我们也可以得出，能不能感知到顾客的心理，不能简单地只看到他们的行为，还必须站在他们的角度对其行为做出科学的解释。

当然，顾客行为绝不仅仅是有没有或者喜不喜欢穿鞋子这么简单。以小见大，我们可以通过顾客的面部表情、肢体动作、语言特点、行为习惯等，察其言，观其行，探其貌。萨默赛特·毛姆曾经写道："任何一把剃须刀都自有其哲学。"大意是，任何微不足道的举动，只要用心观察，总会从中发现某些类似于观念的东西来。所以，作为顾客内心写照的行为，更是潜藏着可供销售员挖掘的巨大宝库。最优秀的心理学家未必就是最好的销售员，但最优秀的销售员一定是对顾客行为心理学有所了解的。

目录

CHAPTER ONE

第一章 未雨绸缪，顾客的心理规律要提前掌握

顾客心理如同自然界中的天气，千变万化之际仍不失规律可循。如果说具体的察言、观色乃销售员针对顾客心理在实战中的应用，那么提前对其规律做一番梳理，才不至于临阵心慌。想客观、理性地了解顾客的心理世界，就要对它们进行系统地分类。好的销售员，可以临阵磨枪；优秀销售员，讲究知己知彼；精英销售员，知道未雨绸缪。

从众心理：顾客都喜欢跟风

所谓从众，就是个人受到外界人群行为或广告效应的影响，让自己的认识、判断、知觉表现出符合公众舆论或多数人的行为方式。关于从众心理，美国心理学家所罗门·阿希曾做过一个非常有名的实验。他邀请一些当地的大学生参与这个实验，并告诉他们实验目的是研究人的视觉误差。每一个志愿者单独进入实验室后，都会发现已经有五名志愿者坐在屋子里，当然，大学生志愿者并不知道屋子里的五个人其实都是阿希的助手。

阿希让大家做的事情非常简单，就是把提前画有竖线的两张卡片拿出来，一张上面有1条竖线，另外一张上面有3条竖线，问哪一根线更长。实验总共进行18次。其实那些线的长短差异很明显，正常人很容易就能够做出正确判断。然而，经过两次判断后，那五个假扮志愿者的助手都故意说出了同一个错误答案。真正的大学生志愿者开始迷惑了，是坚定说出自己认为正确的呢，还是说出一个和其他人一样，但自己认为不正确的答案呢？

结果发现，33%的大学生志愿者做出的判断是从众的，76%的志愿者至少做了一次从众的判断。而正常情况下，人们判断错的概率不到1%。在这个实验中，五名助手用错误的答案影响了第六个人的判断，进而引发了他们错误的认知。

从众心理，说白了就是跟风的习惯，每个人都有，顾客尤甚。顾客在购买某商品时固然有自己的实际需求，但其对商品本身的质量、效用等并不完全了解，所以就会根据其他顾客的行为或者广告的宣传等随大流。这样，即便购买的商品不怎么好用，他们也会在心理上形成一种安慰，毕竟大家都在买，也不是自己一个人上当。当然，顾客的从众心理也会受到一些大众心理的影响，比如喜欢凑热闹，所以当看到他人成群结队抢购某商品时，自己即便没购物的需求，也会凑到里面感受其中的热闹氛围。

顾客的从众心理会给销售人员带来很多方便，因为他们可以利用一些手段吸引顾客的围观，从而制造热闹的行情，吸引众多顾客参与其中，也为自己的销售创造更多机会。比如，销售人员会对顾客说“这件衣服是今年的新款，最近一段时间卖得特别火”，或者对小区里的老太太说“你们小区很多人都在用我们的产品”，这些言辞无疑会对他们形成很强的吸引力。

日本有位企业家创办了一个主要生产、销售雨衣、卫生带、尿布等日用橡胶制品的综合性企业，因为没有自己的特色，销量不佳，一度面临倒闭的风险。一个偶然的机会，这位企业家在一次人口普查表中发现日本每年大概会有超过250万个婴儿出生，如果每个婴儿用两个尿布，那么他们一年就可以消耗掉500万个。最后，这位企业家决定放弃尿布以外的所有产品，实行专业化生产。

采用新材料、新科技生产的优质尿布很快就上市了，为了能引起轰动，公司又投入巨资来宣传这款尿布的优点。然而，试卖一段时间之后，销量很不理想，后来几乎到了无法经营的地步。这位企业家非常焦急，后来无意在翻阅杂志的时候想到一个好办法。他让自己的员工排队到各大商店去购买这款尿布，一时间，原本清静的店面顿时变得门庭若市、热闹非凡。很多不明就里的顾客看到这么长的队伍，纷纷好奇地问：“大家都在买什么啊?”“什么东西这么畅销，吸引这么多的人？”就这样，这家企业通过这种方式营造了尿布旺销的氛围，并吸引了大量从众型的顾客。后来，随着销量的攀升，人们越来越认可这种尿布，买的人越来越多。现在，这家企业生产的尿布还出口国外，年销售额高达70亿日元，而且业绩还在以20%的速度递增，那位企业家也成为世界闻名的“尿布大王”。

在这个案例中，尿布之所以能够畅销，一个很重要的原因就是利用了顾客的从众心理。当然，企业能够做到这么大，根本原因还在于尿布质量好。所以说，销售最重要的还是以质量取胜，而利用从众心理只是吸引顾客的一种手段。

顾客的从众心理有多种表现形式，威望效应就是其中之一。比如现在很多大型企业都会高价聘请明星代言自己的产品，以此来吸引消费者。一般情况下，当一个人没有主张，往往就会盲目听信他人的意见，特别是那些有威望的人物的意见。作为商家，也非常擅长利用明星的人气。但凡有哪个明星因为出演某部电影或电视剧走红，其广告也会呈现出“漫天飞舞”之势。比如2015年因为出演《琅琊榜》而爆红的演员胡歌，仅2016年前四个月就将包括猎聘网、必胜客、索尼等八个知名品牌的广告代言收入囊中。联合国工业计划署曾经做过一个调查，在全世界所有的品牌中，名牌以不到3%的份额却占据了50%的销售额。可见，在品牌和名人的吸引力下，顾客的从众心理会达到很高的程度。

其实，明星和产品质量之间没有任何内在的关系，但明星的人气本就是他们潜在的价值，这种潜在的价值并不能依靠明星本人去变现，必须依靠一定的媒介，广告无疑是性价比最高的。当然，并非每一个商家都有聘请这些高人气明星的资本，所以商家之间就会形成某种竞争，谁出价合理，谁就有获取明星代言的资格。明星本人也不会单纯只看商家的出价，还要考虑企业的信誉、产品的质量等，毕竟如果明星代言的产品出现问题，对他们的损失也非同小可。从这个角度去衡量，名气越大的明星，他们代言的产品在质量方面一般也会越值得信赖，所以如果顾客只是想要高质量的产品，那么从众倒还是理性的选择。当然，质量好、价格便宜的产品并非没有，只是在多数情况下，这两者是相悖的。

优待心理：顾客都想享有VIP待遇

即便不懂英文的人，对“VIP”这个词应该也不陌生，至于其“贵宾”的意思，更是各大商家、会所用来招揽顾客的手段。VIP是英文“very important person”的简称，直译为“非常重要的人”，现在通常理解为“贵宾”。但凡成为某个商家的VIP会员，或者拥有一张VIP卡，购物消费都可以享受打折优惠，甚至有时候还可以享受诸如免费停车、优先选择等特权。如此一来，成为VIP，不仅仅是享受优惠的事，更涉及面子、身份、地位等。只要条件允许，没有顾客不希望自己享有VIP的待遇。

购物的时候，很多顾客的心理其实很矛盾，他们一方面希望自己的需求得到关注和满足，一方面又对销售人员充满猜忌。这种矛盾心理的根源在于他们的不安全感，而这种感觉让他们反而更加渴望得到销售人员的关注。聪明的销售人员可以理解顾客的这种需求，并在语言沟通、眼神交流中尽量给予足够的关注，让他们享受VIP的待遇。

董涛在一家服装商场做销售员。一天，她看到一位身材不高且偏胖，年龄在35岁上下的女顾客，在各个区域逛了好几圈，脸上的表情一直很严肃，不像其他顾客那样脸上流露着购物休闲的乐趣。经验丰富的董涛猜出这位顾客可能是想买衣服参加重要的活动，但是又不知道选择哪一款好。当这位顾客再次逛到董涛负责的区域后，她把刚才已经按照对方身材选好的衣服拿出来，走到那位顾客旁边，笑着说："我看你在这里已经逛了好久了，怎么样，找到如意的衣服了吗？"

女顾客说："好衣服倒是很多，但符合我这个身高、体形的不多。"

董涛柔声说："其实我感觉你蛮有气质的，比较适合穿套装，而且适合上班、约会，或者参加婚礼什么的都可以。你看我手里拿的这件怎么样？"

女顾客瞄了一眼，尴尬地说："这个颜色太艳丽了，我觉得太显眼了。"

董涛微笑着说："这个颜色今年很流行的，很多比你年龄大的人都还争着买呢。你不妨先试试，看看效果，还是不满意的话，咱们这里还有别的颜色。你身高多少？"

听完顾客的回答，董涛又热情地说："这件就符合你的身高，我再找找别的颜色，你多试几件，看看哪件最适合你。"

顾客试衣服的时间，董涛又从旁边的箱子里翻出了好几件颜色不一、款式略有不同的衣服。不过，试完后，女顾客还是拿不定主意。董涛非但没有一点责备的意思，依旧微笑着建议她还是选择第一次试的那件，还说道："你穿那件衣服，感觉充满活力，而且和你的肤色也比较搭配，如果穿着去参加重要聚会，一定会给人留下深刻的印象。"

听董涛这样一说，而且看着她忙忙碌碌好大一阵子，女顾客的心渐渐软化，态度从最初的不满转变为和颜悦色。最后，女顾客接受了董涛的建议，满意而归。

让顾客感受到优待，不是简单地给对方发一张贵宾卡，或者让对方成为VIP金牌会员，其实只要在服务上做细，在态度上做精，让顾客真切地感受到你的无微不至以及热情，那么他就会感受到VIP级别的待遇。话虽如此，VIP这个形式还是不能马虎。

吴婷是一家办公用品公司的推销员，上周去拜访了一家广告公司。走进经理办公室后，她看到屋里站着3个人，分别是总经理、采购部主管，旁边还有一位穿着朴素、手里拿着扫把、像是打扫卫生的工人。

简单寒暄过后，吴婷娴熟地把自家公司产品的优势、特点都做了说明，总经理和采购部主管都听得很认真，而且老总发话，如果核实后的情况属实，他打算签订3万的采购合同。看总经理这么爽快，吴婷心里别提有多高兴，一边答应过两天就拿样品，一边从包里拿出两张某超市的VIP贵宾卡，给总经理和采购部主管各一张。

第二天，当她打电话核实其他细节时，从采购部主管口中得知，他们公司又不打算采购了。吴婷很纳闷，问为什么，对方直截了当地说："总经理的老丈人嫌你报的价格高，建议他从别的公司订购。"

"可他老丈人怎么知道我报的价格高呢？"

"昨天在办公室的那位老先生就是我们总经理的老丈人，所以你说的他都听到了。"

本来打算说到这里就挂电话的，不过那位采购部主管又加了一句："你要是昨天发贵宾卡的时候长点心眼，多发一张，估计就不会有现在的问题了。"

通过这个例子，我们可以发现，即便不是购买产品的直接顾客，他们对获得优待的渴望也是蛮强烈的，而且很敏感。所以销售员在向顾客提供优待服务，或者给予他们优待特权时，必须照顾他们身边亲朋好友的感受，必要的时候，为了顾全成交的大局，只能损失VIP的小利。

安全心理：谁都不想被骗

出门在外，人们怕被陌生人骗；商场购物，顾客怕被商家宰。这些都是普遍存在于人们心中的担忧。就销售而言，顾客之所以对商家不够信任，是因为他们认为从商家那里获得的信息不同程度地包含着虚假的成分，所以在和销售人员交谈时，往往抱着逆反的心理和他们争辩。因此，销售过程中，如何有效规避顾客的疑虑，对销售员来说，显得十分紧迫和必要。事实上，买卖的过程也是消除顾客顾虑的过程，只要这个任务没有完成，交易就很难达成。

顾客之所以会有顾虑，主要是他们有被欺骗的经历，或者说从新闻媒体上看到过有关损害消费者利益的报道。因此，顾客对销售员往往心存戒备，特别是对那些上门的推销员，更不欢迎。

当然，现在社会上确实存在少数靠投机取巧、坑蒙拐骗来做业务的销售员，但大部分人都不会采取这种方式，因为这无异于饮鸩止渴。正如某位金牌销售员说的，要打动顾客的心，不要打动顾客的脑袋。与脑袋相比，心离顾客的钱包更近，所以聪明的销售员都会先打动顾客的感情，再让他们产生购买的想法。

现在社会上有很多骗子，他们骗人的方式也随着科技的进步越来越智能化，其中不乏冒充销售员来骗人的诈骗方式。顾客被骗一次后，一般不会把矛头指向骗术本身，而是指向销售员。顾客因为自身在知识体系、经验等方面的局限，无法识别这种骗人的把戏，索性对所有推销都关上大门。

有家美容美发店的老板说："很多顾客来了走，走了又来，还甩话说：'你便宜点我就在你们这里烫，不然就换别的店！'要是换成饭店，他们肯定不会这样讲，为什么一到我们这里，就用这种口吻说话？"

客观来讲，不是顾客对美容美发行业存在偏见，而是现实中确实存在一些欺诈、宰客的行为。比如前段时间媒体就曾经报道，一个小伙子到一个美容美发店里理发，结果掉入对方的各种优惠、福利、会员卡"陷阱"，一下子花费了5万多。现在移动互联网如此发达，加上"好事不出门，坏事传千里"的定律，不好的消息很快就会被很多人知道。类似这样的事情自然都是个例，但往往就是这样"一颗老鼠屎，坏了一锅粥"，从而让顾客对整个行业都心存畏惧。

其实让顾客产生这种心理的另一个原因还在于有些商家做促销做得有点急躁，两天前还800多元的商品，现在就标价300元。此时，没有买的顾客会庆幸自己当初的决定，而且也在心理上对这个产品产生深深的质疑，所以更不会买了。已经买了的顾客看到这样的促销，肯定会很生气，甚至上门要求退货，弄不好还会搞出官司。

顾客要的其实很简单，就是产品质量。只要质量好，哪怕价格贵点，他们也会觉得无所谓，一旦产品质量不行，或者价格里的水分太高，就算再优惠，也不会有人买。

很多顾客害怕被骗，特别是在面对销售人员的时候。或许在他们的意识里已经形成了这样一种印象：销售员能说会道，油嘴滑舌，有时候为了自己的利益，可谓无所不用其极。所以，面对销售人员，他们时刻保持警惕，生怕掉进销售员用巧言挖的"陷阱"。对待这种顾客，销售员一定要沉稳，不可心急，因为你越想成交，越心急，顾客的防范心理就越强烈，最后可能不欢而散。所以，为了消除顾客的疑虑，应多和对方交心，说话时不妨坦率一些，比如问对方不能接受自己的产品，是对产品没信心呢，还是对他们的人格没有信心。这种坦率的话说多了，很容易让对方放松警惕，从而和你交心。说不定最后，顾客除了购买你的产品，还会被你坦率的性格吸引，从而成为朋友。

如果顾客害怕被骗的心理很强烈，加上销售员的心理素质不强，那么两人之间的沟通就会有很大的障碍。其实，销售员应该从另外一个角度去想这个问题，顾客既有顾虑，但仍然没有离开，就说明他很想买这个产品。也就是说，顾客有购买欲望，之所以没有买是心理有障碍。因此，销售员要顺着这个思路对顾客进行引导。首先，销售员要告诉顾客，任何一款产品，都不可能把所有的优点集于一身，并把顾客看重的产品的优势、购买它的好处等讲清楚。如果有必要，销售员可以拿出一些数据或证书作说明，以证明自己所言不虚。当然，如果有什么优惠活动，销售员也要主动告诉顾客，不能等顾客问到了才说。这样，顾客会觉得你很在意他的利益，害怕被骗的心理自然就会收缩。

遇到对产品没信心，或者担心产品功能、质量的顾客，不妨直说产品的某些不足和缺点，这也比让顾客提出来要好。如果顾客问到，你不说，肯定不行；你说谎，那就是在砸自己的招牌。

其实，对担心上当受骗的顾客直接说产品的缺点，还有以下好处：

顾客看到你没有隐瞒产品缺点，会觉得你很诚实，对你的信任感增强，自然愿意与你多交流，做生意；

顾客觉得你很体贴，也很了解他，无形中就会减少接下来的其他疑问；

销售员主动说出产品的缺点，可以避免与顾客之间的争论、冲突，变被动为主动。

害怕被骗等顾虑心理是顾客的常见心理，也是销售员面对的共性问题，所以在销售过程中，销售员要理解顾客的这种心理，并耐心引导他们对产品、销售人员有一个正确的认识。首先，销售员要向顾客保证产品的质量，并赞赏他们购买这一产品的明智举动；同时，销售员也要在沟通中体现出自己的真诚。这样，顾客才会对你刚才的保证认可，才会领你赞赏他的情。

归属心理：顾客都喜欢玩团购

所谓团购，就是认识的或不认识的顾客联合起来，以求得最优价格的购物方式。商家会根据薄利多销的原则，给予团购顾客低于零售价或者单独顾客购买不到的产品或服务。作为一种新兴的电子商务模式，团购越来越成为备受顾客青睐的消费模式。现如今，顾客上美团、糯米、大众点评等团购网站就像在手机、电脑上浏览新闻一样普遍。

除了价格便宜之外，人们喜欢团购的原因还有很多，比如在网上购物不用外出挤公交，也不用在露天晒太阳，更不用在柜台前排队，只要在网页上轻轻点击一下鼠标，就可以买到想要的产品。当然，以上只是团购表面上呈现出来的好处，也的确是顾客的团购频率和数量不断增加的原因。事实上，团购之所以能够有如此成就，还有一个更高明的心理学依据——归属心理。归属心理就是日常顾客希望自己被他人接纳、认可，并在集体中表现出对他人影响力的一种心态。

团购时，认识的、不认识的顾客知道自己并非是在单独购买产品，而是有几十个甚至成百上千个顾客都在购买和自己一样的产品。当购物从个人行为转变为集体的组织性行为时，顾客就获得了归属感和安全感，他们也可以从这个所谓的“集体”中感受到自己存在的意义和价值。正所谓“独乐乐不如众乐乐”，即便大家都不相识，一起购物的感觉还是会形成一种过节的气氛。

按理说，不同顾客的消费心理是不一样的，而每一个顾客都意味着一个细分的市场，为什么团购可以达到“众乐乐”的目的呢？我们不妨再回过头来重新认识一下团购。一个人、两个人可以团购吗？显然不行，很多团购网站甚至明确规定团购人数必须达到一定的量，团购才有效。在这里面，顾客心理上的认同感已经成为他们做出购买决定的先决条件。

“原价128元，团购价只需66元！”看到某超市推出这样的标语，你动心了吗？如果没有，继续往下看，“已有500人订购，距离团购结束还有3小时”。怎么样，是不是有点紧张，开始动心了？如果还在犹豫，那么再往下看评价，“质量很不错，听朋友说”“真是捡到大便宜了”。看到这里，相信大部分顾客都会产生“团”一次的冲动了。

一位顾客选择一件商品，当这种选择再乘以100或者1000的时候，就是一种很强烈的肯定、刺激。

团购之所以盛行，很重要的一个原因就是它把握了顾客的归属心理，而这种心理又支配了顾客的购买行为。不管是商家，还是销售员，都要在实战中利用好顾客的归属心理，刺激对方选择、购买你的产品。

1. 实现和顾客的连接感

除了定期举办团购的优惠活动之外，商家还可以选择一些新的方式来实现和顾客的相互联系。比如，建立顾客信息的反馈系统，利用各种社交工具和顾客做双向沟通；举行顾客联谊会，通过沟通增进大家的感情。这些举措都可以促使顾客产生归属感，进而产生习惯性的购买行为。

2. 扩大自身的曝光率

团购能够做大的主要原理就是薄利多销、量大价优。但是要想多销，就要增加自身的曝光率，比如通过电视、新媒体来加强自身的推广和宣传。只有把自身知名度提高了，才会有更多的顾客加入，这样顾客的归属感才会更为强烈。

猎奇心理：好奇之心，人皆有之，顾客尤甚

猎奇心理，人皆有之。顾客作为产品端的主角，既是商家邀宠的对象，也是产品设计围绕的中心。如果以前说顾客是“上帝”，那么现在的顾客则是更为挑剔的“上帝”。所以，为了吸引“上帝”的注意，商家无所不用其极，比如通过挖掘顾客的好奇心建立相应的消费模式，以及利用顾客的好奇心设计相关的产品，越来越成为一种主流。

随着互联网的普及、社会化媒体的发展，很多品牌的宣传都是依托绝佳的创意，吸引顾客的关注，从而提升知名度、提高销量。在这个大众创业、万众创新的年代，如果没有创意，似乎一切都是白搭。

曾经有一家生产饮料的企业，在视频网站上发布了一系列以“××夜总会”为名的广告，视频中一群舞者边喝饮料边狂欢。而且，他们还承诺，随着观看人数的增加，他们会跳得更卖力、更狂野。最后，依靠这一策略，这条饮料广告吸引了一千多万的点击量。这则广告之所以深受大众喜爱，就是抓住了消费者猎奇的心理，把互动和内容推进有效地融合在一起，吸引了更多的人疯狂点击。

在捕捉顾客猎奇心理的案例中，有经典的，也有庸俗的，比如近两年很多商家或者媒体平台，为了吸引大众眼球、博取曝光率，纷纷加入“标题党”的行列，原本好好的一件事，非要变着花样说得曲折。表面上看，这种利用大众

猎奇心理的目的当时达成了，但从长远来看，这无异于自毁形象、浪费感情。事实上，这不仅对他们本人是一种“自残”，对社会、网络环境等也是一种破坏。所以，商家也好，销售员也罢，在利用顾客好奇心理的时候，一定要起到正面引导的效果，这样才能建立起一套长期有效的机制。

销售过程中，销售员要根据顾客的需求，将产品赋予符合顾客心理需求的意义。换句话说，只有了解到顾客需要什么，才可以知道产品能够给顾客带去什么。所以，销售员在销售的过程中，可以先用适当的语气唤起顾客的好奇心，然后才能引起他们的注意和兴趣，进而在推销时直指核心，迅速达成交易。那么，如何激起顾客的好奇心呢？下面是几条简单易行的方式：

1. 内容为王

同样是写戏剧的，为什么莎士比亚的作品可以畅销几百年不衰；同样是造手机的，为什么苹果可以做到全球狂欢？答案只有一个：内容为王。产品的外观、手感、性能等，无一不是它们的内容。不管以什么样的方式吸引顾客，内容都必须做到有关、有用、有趣。和自己有关了，大家更热情；对大家有用，顾客才会主动；真的有趣了，顾客的好奇心才不会衰减。

2. 及时互动

倾听用户心声是增加顾客黏稠性以及提升顾客对品牌好感度必不可少的环节。这种充满人性化的做法，会让顾客感觉企业不是一个只会呆板赚钱的机器，而是一个有血有肉的“朋友”。现在很多知名企业都开通自己的微博，并和粉丝像朋友一般互动、聊天。时间久了，随便一声“晚安”的问候，都会吸引很多人点赞，更不用说推出有吸引力的产品或服务了。

3. 有限信息

很多商家耗费大量时间满足顾客的好奇心，却很少想办法激起顾客的好奇心。他们认为应该尽可能多地为顾客提供信息，并不厌其烦地向顾客介绍产品的优势。事实上，激起顾客好奇心最好的方法就是遮遮掩掩、欲说还休。

4. 新奇制胜

人们都会对新奇的东西充满兴趣，都想一睹为快，老人、小孩都如此。顾客都不想被贴上落伍的标签，这也可以解释为什么人们会对新产品那么期待。销售员应该利用顾客的这一心理，在各个环节设置他们未曾体验过的新奇玩法。

5. 问题引导

提出一些充满刺激性的问题，可以有效激发顾客的好奇心。而且提出刺激性问题会让顾客自然而然地想知道到底是什么、有什么。比如说："能问你个问题吗？"即便尚不清楚所问问题是什么，但人们好为人师表的自然天性，会让被询问的顾客很自然地说："好，你说吧。"其实，除了在拜访顾客时设法激起顾客的好奇心之外，在销售环节的初始阶段，也可以利用刺激性问题引导顾客做出满意的决定。

逆反心理：顾客喜欢与销售员“对着干”

逆反心理可以说是人的某种天性，所以即便是那些表面上看起来非常平和的老人，心里面也难免会存在某些逆反心理，只是不像年轻人表现的那样夸张罢了。有些逆反心理之所以没有发作，只是因为还没有被外界的人或事刺激，一旦在特定的条件下被刺激，就会发作。其实逆反心理支配着人的很多行为活动。这种现象在顾客行为中也颇为普遍，比如销售员越是苦口婆心地向顾客推荐某一款产品，顾客越是拒绝。当然，这种心理既会导致顾客排斥你的产品，又会促使其主动购买你的产品，关键是看销售员怎样运用这种心理。

邓韬的一款开了十多年的大众桑塔纳经常发生故障，他决定近期换掉。不知道从哪里走漏的风声，这事竟然被附近一家4S店得知，结果他们店的销售员三天两头上门推销汽车。这些推销员每一次来都会对自己公司的轿车性能做一番夸赞，而且还嘲笑说邓韬的桑塔纳放在古董店里估计还可以升值，而自己开着只会让他的身份掉价。刚开始还有点兴趣的邓韬被这些三天两头打扰的销售员弄得越来越烦躁，还暗自下决心：哼，让你们嫌弃我的汽车，越让我买，我越不买。

不久，另一家4S店的销售员也登门拜访。邓韬心想：不管对方用怎样的花言巧语，我坚决不动心。没想到，这位销售员看过邓韬的车后，这样说：“我看你这辆车还挺不错的，再开个一年半载肯定也没有问题，依我看还是再过一阵子再换吧！”说完后留了一张自己的名片就离开了。

不知道为什么，这位销售员离开后，邓韬心里面有种莫名的失落感，之前自己身上对销售员的排斥心理以及逆反心理都不见了。他后来反思了一下，自己本来是要换车的，只是为了和销售员赌气，结果把自己本来要做的“正事”给耽误了。一星期后，他主动拨通了留名片的这位销售员的电话，订购了一辆最新款的“速腾”。

表面上看，邓韬的逆反心理消失了，实际上，销售员只是从另一个点把他的逆反心理给激活了。这个点就是销售员不建议对方换车，因为他的老车还可以用个一年半载。仔细观察会发现，这位销售员不仅深谙顾客心理，而且语言表达方面也是独具匠心。如果这个车还可以用三年五载，尚有不换的理由，如果只能用个一年半载，但凡是条件允许的顾客，十之八九都是会换的。想想看，谁会把自己的车开到轮子变形了、发动机打不着了才会想起来换车。所以销售员说“还可以开个一年半载”，表面上是在建议对方别换，实际上是在暗示顾客“该换车了”。

心理学家普遍认为，人的逆反心理主要出于一种自我价值保护的本能。自我价值可以说是一个人的心理根基，也是一个人在社会生存的动力源泉。当一个人被明确禁止说或做某件事时，自我价值的保护系统就会自动打开，外在表现就是对他人的教导、建议无端排斥。有些销售员不知道逆反心理，或者看不到顾客已经有了逆反心理，结果还是滔滔不绝地按照原来的思路讲，结果说出来的话就像恶魔的手，反过来把自己的脖子越勒越紧。销售员如果抓住了顾客的逆反心理，就相当于拿到了成交的钥匙。上面例子中的最后一名销售员就是把握了顾客的思维方式，从另一个点刺激顾客的逆反心理，结果让对方主动找自己购买汽车。

销售员在向顾客推荐产品或服务的时候，一方面要规避他们逆反心理的发作可能导致的对产品的拒绝；另一方面，也要善于刺激他们的逆反心理，作为诱导顾客对产品产生强烈喜好的手段。也就是说，销售员要根据具体情况，从正反两方面调动顾客的积极性，从而让自己的销售工作获得突破。

1. 正面避免超限

从心理学的观察来看，如果对顾客的刺激过多、时间过长，很容易招致对方的反感和抵触。比如在商场，顾客一般都想先在自由的氛围里随便逛逛，然后再进行有选择的筛选，如果有销售员在旁边热情地招呼或者静静地“盯着”，他们都会感觉不自在。比如有些销售员不了解顾客的这种心理，看到顾客用手翻了一下挂在架子上的服装衣领，就赶紧问：“先生，你是想买一件外套，对吧？”这种急功近利的做法与顾客购物时轻松愉悦的心情构成了鲜明的对比，碰撞后的效果很不妙，比如有的原本对产品确实有好感的顾客会说：“哦，我只是随便看看。”随后就溜之大吉。

2. 反面自曝其短

商家为了促销产品，一般都会用很多诸如“享誉全球”“实行三包”之类的宣传语，但这未必就是其真实写照。顾客接触得多了，自然会对这类自吹自擂式的宣传方式感到厌烦。其实，不管是顾客还是销售员，都对这种宣传的本质心知肚明。所以，有时候可以借此采用一些反常的招数，往往会有更好的效果。比如，曾经有款手表打出了一个“扬短”的广告，声称这款表不准时，一年会慢走三秒，请顾客购买时慎重。结果，这款刚推向市场的手表，很快就成了顾客争相购买的宠儿。

逆反心理是顾客身上一种非常有意思的现象，销售员如果不懂，就会导致顾客和你“对着干”，结局是你想卖，但顾客不买你的产品；销售员掌握了，就可以和顾客“对着干”，结局就是“你不卖”，顾客偏要买。

虚荣心理：顾客爱听赞美话，销售员不妨多多说

1968年，美国心理学家罗塔尔森和雅各布森做过一个有趣的实验，他们从一所小学六个班的学生名单里面抽取部分学生，以赞赏的口吻通知学校校长和有关老师，说这些学生很有潜力，并再三嘱托他们保密。事实上，这些所谓的“有潜力”的学生只是两位心理学家随机抽取的。八个月后，出现了令人惊奇的现象，那些被告知校长和老师有发展潜力的学生普遍展现出了与老师关系融洽、性格开朗、学习上进、求知欲强等特点。那么，为什么会出现这种现象呢？原来，这些老师得到“权威部门”的预测之后，便开始对那些“有潜力”的学生投入更多的关注和赞美，即便他们犯了错，也很少严厉批评，而是通过赞美他们的优点来表达信任。这种隐藏在心里的期待以及流露在外的赞美，无形中加强了学生自信、自尊、自强的品格。类似于老师这种爱、信任、赞美而产生的效应，在心理学上被命名为“皮格马利翁效应”。

“皮格马利翁效应”给我们这样一个启示：赞美具有可以改变他人行为的力量，因为当一个人获得他人的赞美时，便会感觉获得了某种支持，从而增强自我认同，并积极向上，极力达到他人的期待，避免让对方失望，从而维持这种连续性。销售员在向顾客推荐产品的时候，如果可以巧妙利用赞美，销售工作便会事半功倍。特别是对待那些爱慕虚荣的顾客，销售员的赞美有时甚至比产品本身的价值更大。

虽然每一个人的内心都有一颗虚荣的种子，但并非所有的顾客都喜欢或习惯被他人赞美，而且销售员的赞美也不是每次都无往不利。比如有的销售员去拜访一家企业的采购经理，见什么就赞美什么，甚至旁边的同事听得汗毛都竖起来了，他还是不停地赞美。结果可想而知，人家采购经理觉得与这样的业务员打交道很不靠谱，就找了另外一个合作方。那么，对销售员来说，该如何用好赞美这把双刃剑呢？下面是需要注意的几点：

1. 赞美要有事实依据，不可无中生有

比如：明明很胖的一位女士，你夸她“魔鬼身材”；一位家庭主妇，你说她是“女强人”。这样的赞美非但不会收到任何好的效果，反而会弄巧成拙。有些顾客内心本身就很敏感，你如果赞美得不到位，对方会觉得你是在讽刺他。试想，这样还有与顾客成交的希望吗？

2. 赞美，要省着点用

正所谓“物以稀为贵”，赞美同样如此。有的顾客或许真的很苗条，有的地方或许真的很漂亮，但赞美一次就够了，不能每次见面都赞美一番。刚开始，对方会觉得你热情，时间久了，对方肯定会感觉你虚伪，如果仍不及时改正，顾客可能就要当着你的面表达厌烦了。另外，销售员如果见了谁都赞美，会在顾客心中形成这样一种认知：这个人就这样，见了谁都夸。那么，你的赞美在他们心中就很廉价。省着点用并不代表尽量不用，而是在该赞美的时候，不能省；不该赞美的时候，坚决不滥用。

3. 赞得恰到好处

人都喜欢好听的话，但要想让赞美起到作用，就需要把它说得恰到好处。比如曾经有位销售员到顾客家里拜访，结果刚进门没多久，看到顾客的儿子带着女朋友回家了。在事先并不知情的情况下，销售员顺口说了句：“这孩子眼光像他爸，会挑。”就这样，一句话把顾客一家三口以及未来的儿媳妇都赞美了一遍。不用说，接下来的谈话很愉快，最后连合同都是在饭桌上直接签的。

4. 多用新闻式赞美，尽量不用评论式赞美

新闻式赞美就是通过事实的再现给顾客以肯定；评论式赞美就是用抽象的语言对顾客做出评价。比如你想赞美顾客很能干，可以说通过对方具体怎样的努力，取得了怎样的成绩，很了不起等，而不是说我一看你就感觉很能干，有魄力。前者明显比后者更容易让顾客接受，而且也容易引入更多话题，有利于接下来的沟通。

赞美如夏日清风，可以拂去人身上的疲劳，从而让对方精神抖擞。只要不违背原则，就让赞美的语言发挥出它最大的威力。用赞美满足顾客虚荣的心，销售员的成交量自然会提升。不过，赞美也是一把双刃剑，销售员在具体使用的时候一定要讲究方法，切不可乱用。

爱占便宜心理：不是要便宜，而是要感到占了便宜

占便宜如果有损于道德，估计大多数人都会三思；占便宜如果纯粹只是一件关乎利益的事情，那么大多数人都不会多虑。比如顾客在消费时，都喜欢物美价廉的商品，也都想用最少的钱获取最大价值的商品。其实顾客在消费过程中这种贪图便宜的心理无可厚非，只是想让自己获得满足感，即经济学中所说的“效用”。当顾客觉得自己在消费中获得的价值与商品实际价值差不多或者比实际价值更大的时候，才会愿意掏钱。从某种程度上讲，顾客要的不是便宜，而是感觉占到了便宜。

曾经有个专门卖布匹和衣服的店铺，正对着门的柜台左侧墙上挂了一件珍贵的貂皮大衣，因为价格太贵，陈列了半年也没卖出去。后来店里来了一个新的伙计，某天偶然听掌柜抱怨了一句之后，说自己可以把貂皮大衣在一天之内卖出去。掌柜不相信，伙计却很自信，坚持让掌柜按照自己要求的去做。伙计对掌柜说，不管谁问这件貂皮大衣的价格，都要说五百两银子，尽管其实际价格只有三百两。

商量完后，伙计在店前打点，掌柜到后堂算账，结果一上午基本没来几位顾客。下午的时候，店里来了一位穿着华丽的妇人，围着貂皮大衣转了一圈，问伙计：“这衣服多少钱？”伙计假装没听见，继续忙自己的，那位妇人就提

高嗓门又问了一遍。伙计这才缓过神来，对妇人说：“对不住啊，我是刚来的，耳朵还有点背，你刚才是问这件衣服的价格，是吧？我也不太清楚，稍等一下，我问一下掌柜。”

伙计说完就冲后堂大喊道：“掌柜，咱们墙上挂的貂皮大衣多少钱？”

掌柜在后堂吆喝着说：“五百两！”

“多少钱？”伙计又吆喝着问了一遍。

“五百两！”

伙计和掌柜的对话声音很大，连站在店铺外面的人都可以听到，更别提那位妇人了。不过，妇人脸上面露难色，估计是觉得衣服太贵，不打算买了。结果，那位伙计非常憨厚地对妇人说：“刚才掌柜说了，这件衣服三百两银子。”

妇人一听顿时心花怒放，心想这位伙计肯定是听错了，如果能从这位伙计这里把衣服买了就可以少花二百两银子。妇人害怕掌柜从后堂出来，就赶紧付钱，然后拿着衣服匆匆地离开了。

就这样，这位伙计耍了点小聪明，就轻而易举地把滞销了半年的貂皮大衣在一天之内卖掉了。

其实这位伙计的小聪明之所以能够奏效，完全是利用了这位妇人占便宜的心理。实际操作中，销售人员可以采用多种方式让顾客产生这种占便宜的心理，具体如下：

1. 赠品

花钱买的东西和赠品从本质上讲是一回事，因为它们都是由一个卖家提供的，而且最终的成本都要从顾客的利润里面扣除，但在顾客眼里，买到的东西是一回事，商家赠送的东西就是另一回事。事实上，商家在生意刚开始或者在做生意的过程中，通过一些精致的礼物可以在很大程度上提高效益。例如开在学校门口的商店，每逢教师节都会推出赠送教师礼物的活动。所以每年教师节这一天，很多老师都会带着教师资格证，成为该店的常客。事实证明，这样的活动让商店在这一天的净利润比往常翻番。

2. 打折

打折恐怕是商家和销售员最常用来吸引顾客的方法。这种方法之所以常见、常用是因为它可以起到立竿见影的效果，顾客一看就懂。在打折方面也存在一些技巧，就是以9结尾的价格往往会让顾客对减价的感知更为强烈。以一件价格为100元的衣服为例，降价为89.9元就比降价为90元更有吸引力，尽管两者只差0.1元。这种营销通常会被称为“尾数定价策略”。尾数定价策略会给顾客一个心理暗示，即现在的价格在原价的基础上打了折，所以价格也会更便宜。另外，尾数定价策略还会让顾客觉得这种价格更精确、值得信赖。

3. 优惠券

优惠券可以分为现金券、礼品券、换购券等，现在随着各种社交工具的普及，也可以按照介质分为电子优惠券、纸质优惠券、手机优惠券、银行卡优惠券等。赠送优惠券可以让顾客在形式上节省支出，并引起他们的购买欲望，也可以刺激潜在的购买者。

4. 积点

积点优惠又称商业贴花，大体上有两种方式：顾客收集积分点券、购物凭证等，达到一定数量即可兑换赠品；顾客重复多次购买某商品或光顾某零售店，才能够得到赠品。这两种方式的最终目的都是为了让消费者多光顾和购买该店的商品。

CHAPTER TWO

第二章

以貌取人，顾客的外貌服饰是销售指南

外貌服饰是顾客呈现在销售员面前的第一画面，如何在最短的时间从中解读最多的信息，事关接下来诸多销售策略的选择、开展。外貌服饰可供参考的信息很多，上到头上的发型，下到脚下穿的皮鞋，只要销售员眼睛够尖、心思够细，总会找到能够通往顾客心灵的捷径。以貌取人固然直观，但在运用的过程中也要灵活变通，必要的时候多在脑子里拐几个弯，否则会被认为是势利之举。

让顾客的头发成为你销售的罗盘

用中医的话说，发乃“血之余，肾之华”，气充则发尖，血盛则发浓。从生理学角度分析，如果一个男人雄性激素分泌旺盛，表现在胡须、头发上就是发质粗硬、浓密，性格方面的表现则是冲动、易怒，脾气方面的表现则是暴躁、倔强。这充分说明，头发和一个人的性格存在着密切的关系。另外，不同职业、性格、脾气的人，会在发型方面表现出不同的个性，比如艺术家普遍喜欢留长发，时尚的女性普遍喜欢染发、烫发等。职业、性格、脾气这些因素都会直接影响顾客的消费态度、购买行为，所以销售员如果注意观察顾客的发质、发型，那么它们也会像罗盘一样指引着说服顾客的方向。

1. 从发质看顾客的购买行为

（1）头发粗直、发质较硬的顾客

这类顾客豪爽、耿直，买东西时一般不会精挑细选，感觉差不多即可，结账时也很痛快。他们有一个较为普遍的共性，就是看重、信任品牌产品。

这类顾客一般不喜欢销售员跟他们说些空话或者无聊的奉承，一旦发现交易的过程中有诈，就算花费大量的精力、财力，他们也要讨个公道。他们身上有个弱点，就是自尊心太强，而且总是以自我为中心。所以销售员只要把产品介绍到位了，再说两句好听的话，交易就很容易达成。

（2）头发疏、发丝细、发色浅的顾客

这类顾客一般都心思缜密，购物时，挑得很详细，而且会把每一个不满意的地方都指出来作为讨价还价的筹码。如果不碰触销售员的底线，比如发怒，那么对方就会把价格一直压到很低。

面对这类顾客，销售员一定要沉住气，任凭对方挑剔，都要守住自己价格和脾气的底线。顾客挑剔，说明他有买的欲望，等他挑完了，再说出合理的价格，至于买不买，就随顾客了。

（3）头发浓、发色黑的顾客

这类顾客属于理智消费型顾客，有智慧、有头脑。他们购物的目的性很强，而且购买前都会上网查阅相关资料或者做一些调查。

解决这类顾客的异议，销售员最好理智和情感并用，而且说的要有理有据。特别在产品的使用和售后方面，销售员要保证自己说完后，确实是解决了对方的疑虑。

（4）头发天然卷曲的顾客

这类顾客外表随和，但原则性很强。不碰触他们的原则，什么都好说，触碰到他们的原则，他们也坚决不退让。购物时，他们会温和地询问产品的相关情况，其实要不要买，早在看产品的第一眼就决定了。

面对这类顾客，销售员要多揣摩他们的心思，并认真听取他们购买产品的标准、依据，然后在接下来的工作中想方设法让产品的功能、质量等满足对方的期望，进而促成交易。

2. 从发型看顾客的购买行为

（1）头发自然随意、没有明显修饰的顾客

这类顾客不是经济拮据，就是性情朴实、崇尚自然。他们一般热爱工作，重视精神领域的提升，购物时，非常务实，注重服务和品质，倾向于性价比高的商品。

这类顾客如果一个人购物，那么销售员的意见经常会成为他们的参考标准，如果是和朋友、家人一起，他们一般不会成为决策者，所以销售员要在他的家人、朋友身上下功夫。

（2）头发修饰得体、整体相得益彰的顾客

这类顾客多为职场白领，收入稳定、业务出色。他们在购物的整体选择上，会追求有品位的低调，偶尔会在某些细节上，强调华丽和奢侈。另外，这类顾客很在意产品的设计风格，所以销售员推荐的时候，多向他们展示适合他们职业身份、审美品位的产品，并激发他们的购买欲望。销售员遇到这类顾客，不管介绍什么产品，都要凸显产品中的亮点和与众不同之处。

（3）留短发的顾客

留平头的男士一般思想保守，花钱也是量入为出。当然，一些有经济实力的顾客，很注重自己的派头，所以凡是能够表明其身份的奢侈品，他们都会优先购买。不过，即便很有实力、地位，他们对吃穿也不怎么在意，而是更看重经济实惠。

（4）剃光头的顾客

这类顾客外表强悍，说话也很豪爽，情绪变化不定，事实上，他们内心多少有些自卑，渴望成为公众的焦点。

面对这类顾客，销售员的服务态度、语气和措辞都很重要，如果有哪个地方稍不注意，就可能闹出不愉快。

（5）留长发的顾客

现实生活中，留长发的顾客多有艺术家的气质。而且随着社会氛围的宽松，人们内心的表现欲望也得到最大的展现和释放，留长发的人也越来越多。这类顾客比较注重生活品位，所以在购物选择上比较在意产品的品质、设计美感等。当然，并非所有的艺术家都是富豪，处在社会底层的年轻顾客，买东西时更喜欢怪异廉价的产品。

面对这类顾客，销售员没必要特意迎合，因为你说的如果不符合他们的期望或口味，他们会很反感。但是作为销售员，要真正理解这类顾客很困难，所以最好由着他们的性子，让他们自己选择，销售员只是在必要的时候为他们提供一些力所能及的建议、参考。

（6）发型时髦的顾客

这类顾客天生敏锐，有品位，而且在购物方面似乎有着超出常人的天赋。购物时，无论需求是否紧迫和产品大小，他们都会精心挑选。他们或许很乐意接受别人的推荐，但眼光很挑剔。不过作为销售员，还是要大胆地向他们推荐各类新款，而且要做好被对方详细咨询的准备。所以，营销前，销售员也要做一些相关知识的储备。

（7）经常换发型的顾客

经常换发型的顾客以女士居多，除了一些电视主持人外，大多数这样的女士与其说是在装饰自己，不如说是在追赶潮流。不过，这类顾客从根本上讲，对审美缺乏一定的判断，不知道怎样的美才是最适合自己的。

遇到这类顾客，应该是销售员的幸运，因为她们的购买行为很冲动。作为销售员，只要给她们一个理由，她们多不会拒绝。

服装搭配秀出顾客的个性和品位

人的性格千差万别，影响性格的因素多种多样，而不同性格的人的处世方式可以通过他们说话、办事等行为直观体现。除此之外，性格还有一个比较直观的表象就是服装搭配。性格对着装的影响，有更深层次的心理需求。当然，不能说什么样性格的人就喜欢什么样的服装，但选择服装的过程确实也时刻流露出当事人的希望或意图。比如有些身材肥胖的女性，性格里面多少有些不自信的色彩，她们穿着打扮的一个重要目的就是掩盖自己的身材；一些身高较矮小的女性，她们买鞋的时候，可能普遍会选择高跟的，或鞋底很厚的，以此达到“增高”的目的。当然，也有一些人虽然身材发福、矮小，但完全不在乎外界对自己的评价，这当然就属于另外一种性格了。

着装是身体的外在展现，也是内心世界的表达，作为销售员，要读懂顾客由服装幻化的身体语言。一些特立独行的顾客，无论多么喜欢一款服装，只要有人试穿或者购买，他们的兴趣就会荡然无存；对于晚礼服的选择，外向性格的顾客会选择低胸、露背、无肩带的性感款式，内向性格的顾客会选择比较规矩和经典的款式；对职业装的选择，内向性格的顾客偏向正统，外向性格的顾客倾向于休闲款式。了解了这些服装搭配方面的知识，销售员在做业务的过程中就能游刃有余、从容应对。

下面是一些有关顾客穿着性格方面的具体分析：

1. 喜欢单一色调服装的顾客

这类顾客为人正直，性格刚强，而且理性思维胜过感性思维。销售员在对待这类顾客的时候，多强调产品的性价比，对方会更乐于接受。

2. 喜欢朴素风格的顾客

穿这种风格衣服的顾客，性格多沉稳，为人谦和。他们平时在学习和工作方面都比较务实。这类顾客偏向于客观、理智，但过于朴素的行为方式有时候让他们显得缺乏主见，容易屈服于他人。销售员除了给这类顾客强调产品的性价比外，也要注意引导对方，比如告诉对方这款产品的销量、受欢迎程度等。

3. 喜欢淡色便服的顾客

这类顾客性格活泼，很健谈，喜欢结交朋友。销售员在和这类顾客交往的过程中，最好少说多听，并及时给予对方回应。另外，销售员要在听的过程中打好自己的算盘，并捕捉时机，看关系到位了，就采取速战速决的策略。

4. 喜欢深色服装的顾客

喜欢深色服装的顾客，一般比较沉默，性格沉稳，看起来很有城府。他们做事通常深谋远虑，有时候也会有些让人捉摸不定的意外之举。销售员和这类顾客交往时，说话要注意方式和分寸，多问顾客一些开放性的问题，一方面拉近关系，另一方面也从对方的嘴里套出对成交有利的信息。

5. 喜欢新颖款式的顾客

这类顾客喜欢穿五颜六色的衣服，而且样式古怪、繁杂。他们爱表现自己，虚荣心较强，有时候会表现出飞扬跋扈的任性。面对这类顾客，销售员要投其所好，多介绍刚刚上市或设计风格诡异的服装，并不失时机地对顾客穿在身上的服装表示赞赏。

6. 喜欢流行服装的顾客

这类顾客属于缺乏主见的类型，情绪不太稳定。他们选衣服都是随大流，看什么流行就买什么。销售员在面对这类顾客时，可以从两个方面入手，一是介绍市面上流行的款式，二是引导他们购买即便流行度不高，但比较大众化的产品。引导时语气上肯定一点，态度上可以稍微强势一些，增强对方对你的信任度。

7. 不追随流行的顾客

有喜欢追随流行的，就有不喜欢追随流行的。这类不喜欢追随潮流的顾客做事独立性很强，决策也很果断。销售员一般很难影响这类顾客的购买行为，不过介绍的产品如果确实很符合他们的口味，对方出手也会很大气。

8. 喜欢穿同一款式的顾客

这类性格的顾客性格多直率、爽朗，而且自信心极强。他们行事果断，爱憎分明，但也容易给人造成一种孤高、自傲的印象。比如曾经备受瞩目的乔布斯，每次召开苹果的新品发布会，都会穿着自己标志性的灰色毛衣。这类顾客一般会比较强势，所以销售员在和这类顾客交谈时，最好多顺从对方的意愿。当然，这种顺从必须坚持自己的底线，否则对方就会没有上限。

9. 喜欢穿短袖衬衫的顾客

这类顾客外表看起来放荡不羁，但内心友善，为人随和。他们做事随性，不喜欢墨守成规，所以经常会有创新的举动和突破性的思维。有时候，他们给人表里不一的感觉。实际上，他们的思维相当缜密，任何时候都清楚自己该做什么、不该做什么。他们随性，但不任性，做事也多三思而后行，所以一般不会酿成什么大错。其实，经常穿着灰色T恤的Facebook当家人扎克伯格的个性就有点偏向于这类顾客。对待这类顾客，多和他们沟通，建立感情，然后再根据对方的实际需求，有针对性地促销产品。

10. 喜欢穿长袖衣服的顾客

这类顾客的性格偏向保守，为人处世总是循规蹈矩。即便如此，也不要低估这类人的抱负，事实上，他们喜爱追名逐利，人生定位也普遍较高。另外，他们的适应能力很强，所以不管和谁相处，不管在什么地方，都能快速融入和适应。销售员在面对这类顾客时，可以对他们的形象多加赞美，而且对方说话时，一定要面带微笑地看着对方，并时不时打断、提问，给对方一种受尊重、受赞赏的感觉。

从服饰判断顾客的购买力

销售过程中寻找那些购买力强的顾客是一个非常重要的环节，因为他们往往需求品质较高，所以在成交额方面会比普通顾客占优势。另外，经济实力较强的顾客做决定时也会比较爽快，所以即便推销同一款产品，面对他们耗费的时间也会比一般顾客短。当然，还有一个重要的原因就是，顾客的支付能力不同，他们对产品的需求也会有所差异，所以如果能够提前辨认，就可以有针对性地推销，既可以节约时间成本，也可以增加个人收益。那么销售员该如何快速判断一个顾客的购买力呢？最直接的办法就是观察顾客的服饰，从服饰中判断顾客的购买力。

服饰覆盖了人体90%以上的面积，所以很多人经常说，仅从外表就可以对一个之前从未见过面的人做出多方面的判断，比如社会地位、经济水平、受教育程度、教养、品行等。可见服饰也确实像一个写在人身上的社会符号。在这些符号中，与服饰关系最为密切的莫过于经济实力，也就是我们说的购买力。与男人相比，女人的购买力更容易从服饰上观察、看穿。那些衣着时髦、款式新颖、面料精致的女士，收入一般都不错，经济负担较轻，所以生活品位很高。消费方面，整体比较大方，特别是与自己工作、学习、个人生活方面相关的开销，更是舍得花钱。销售员在推荐产品的时候，只要把握好这一点，就很容易促成交易。购买力强的中年女性，大多进入了自己人生的黄金收获季，服饰上的表现就是端庄得体、做工精细。这类顾客整体也算慷慨，有时也会因为同情或者赞赏而买一些对自己用处不大的产品，但销售员不能无的放矢，更不能恶意欺诈。这类顾客维护好了，日后他们会经常光顾。

王辉和李莲是一家花卉店的销售人员，一次他们到一个小区做推广活动。鲜艳的花卉一会儿就吸引了附近的居民驻足围观，其中一个穿着时髦光亮的女孩看着漂亮的花卉，眼里直放光。王辉看到这个女孩如此感兴趣，相信对方一定会买，就上前接待。与此同时，李莲也在为一位衣着朴素、色调单一的妇女做讲解。最后，那个穿着时髦光亮的女孩看完就跑了，而穿着朴素、色调相对单一的妇女却买了三盆花卉。

顾客走后，王辉感慨：“看的时候一惊一乍的，怎么让买的时候对方就跑了呢？”李莲说：“看那个女孩就不是买花卉的人，别看她衣服鲜艳，但款式落伍，而且质料也很一般，我们这一盆花卉可以买她五六件衣服了。相反，我接待的那位顾客，别看衣着朴素，你知道那是什么牌子的吗？是香奈儿的牌子。我还特意夸她的衣服漂亮，她说那是她在国外上班的女儿前段时间回来看她时特意买的。”

这就是一个很经典的通过穿着判读顾客购买力的案例，特别是现在这个年代，几十块和几千块的衣服可能在色泽方面的差异不大，但品牌和质量就在那里摆着，销售员稍微用心就立马能看出端倪。

男人的服装固然不像女人的服装那么泾渭分明，但基本上也可以做出八九不离十的判断。那些从事诸如IT的技术型年轻白领，一般都收入颇丰，也善于用充满个性的服装彰显自己青春的色彩。他们在吃穿用度方面很有自己的主张，也提倡时尚、环保，服装或简洁舒适，或低调怪异，当然，随着近几年韩剧的流行，有时候也会呈现出比较明显的韩装潮流。成熟稳重型的男士顾客，多会选择面料上等、品牌过硬的产品，比如利郎、柒牌等，都是这类顾客的首选。

李鸣是一家广告公司的销售员，有次去理发店理发的时候碰到一个胖墩墩的中年男子就坐在自己旁边。初望过去，其貌不扬，但身上穿的花花公子的T恤倒是很显眼。另外，听到发廊的小伙子、小姑娘们不停地喊他“唐哥”，李鸣便感觉这个人或许有些来头，就主动上前搭话。没想到，眼前这个“唐哥”正是市里一家标杆企业的老总，而且待人也很谦和，丝毫没有架子。临走的时候，李鸣和“唐哥”交换了名片。后来，李鸣特意从发廊了解到“唐哥”经常光顾的茶馆，便经常创造和对方“偶遇”的机会，时间久了，慢慢就熟了，便开始谈起了生意。半年后，李鸣拿到了“唐哥”公司价值30万的广告订单。

任何一个销售员想在业务上做出点成就都必须在顾客身上多花点儿功夫，正如李鸣，通过顾客的T恤判断出他的经济实力雄厚，进而循序渐进，终于从对方手里得到了一个大单。有些销售员盲目地和顾客套近乎，好不容易关系到位了，要成交了，对方来一句“没钱”。所以，与其浪费这一点时间、精力，不如多花心思在顾客身上。

当然，仅凭衣着判断顾客的购买力有些草率，特别是社会上有很多低调的人，穿着打扮方面特意不露富。所以，要想对顾客做出合理、客观的判断，还必须结合他们的住址、职位、交通工具等。这样，准确率会大大提高。

穿鞋承载的顾客秉性

区分顾客之间的差异有多种方法，其中最简单的一个方法就是以性别为依据，将其分为男性顾客与女性顾客。比如在穿鞋方面，男性顾客一般注重的是鞋料的质感与舒适度，至于颜色、样式等则不会太讲究。而女性顾客恰恰相反，她们在购鞋时，就像在挑选自己的首饰，先看颜色、风格、款式等，这些要素符合了，再看它的舒适性、实用性等。甚至有时候，即便鞋质一般，只要款式达标，她们也会毫不犹豫地买下来。

现在的女性顾客既然把脚上的鞋看作自己身上的饰物之一，那么自然会将内心的喜好体现在鞋的选购上。所以，通过观察顾客，当然主要是女性顾客脚上穿的鞋子，也可以揣测出她们不同的秉性。这对销售工作来说，是一个非常必要的辅助。

1. 喜欢穿运动及休闲鞋的女性顾客

从表面上看，这类顾客很容易相处，实际上，她们保护自己的警觉心很强。如果不是关系很密切的朋友，一般人很难看出她们心里在想什么，更别说销售员了。不过，在她们坚强的防卫之下，都有一个脆弱的情感。销售员在向这类顾客推荐产品时，多和她们交心，但在深度上一定要把握好度，否则你的善意会被她们误解。

2. 喜欢穿厚底、造型特殊鞋子的女性顾客

这类顾客一般追逐流行，热爱时尚，喜欢成为大家关注的焦点。有时候，她们的外表看起来作风大胆，其实内心还是比较保守的。她们之所以希望成为流行的一分子，很大程度上是因为自信心不够，想借此提升在众人心目中的存在感。想要和这类顾客达成交易的销售员，需要多肯定她们的优点，给予鼓励，让她们自信。

3. 喜欢穿学生样式、造型简单鞋子的女性顾客

这类顾客的情感单纯，性格敏感，而且有着较为严谨的家庭教育，所以也很容易压抑自己的情感。她们平时的言行比较内敛，但内心会渴望尝试一些冒险的、刺激的事物。销售员在给这类顾客推荐产品时，除了把有关产品的信息讲到位之外，还需要挑逗她们追求新鲜、尝试刺激的心。特别是涉及价格时，销售员可以从独立、自主等角度提醒她们作为成年人，应该有自己做决定的魄力，成交应该会顺利许多。

4. 喜欢穿高跟鞋的女性顾客

这类顾客普遍成熟大方，喜欢思考，而且头脑聪明。不管是在工作中还是在生活中，她们都很尽责，但对周围的人和事要求较高，另外也会因为想要的东西太多、欲望无法满足而脾气暴躁。对待这类顾客，销售员最好坦诚相待，不要啰唆，也不要耍什么心眼。

5. 喜欢穿短筒靴子或长筒马靴的女性顾客

这类顾客普遍爱好自由，性格独立，勇于表现自己。她们不是外表出众，就是相当聪明、有能力，所以很容易成为异性倾慕的对象。这类顾客或许不难亲近，但要想赢得她们的芳心，获得她们的信任，必须具备足够的才华，以及对她们有足够的了解。销售员能对她们多一份了解固然更好，如果在短时间内

确实不具备这样的条件，就要凭借自己对产品的了解，外加出众的口才，赢得她们内心的好感。一旦对方有了好感，成交就是小菜一碟。

6. 喜欢穿凉鞋的女性顾客

很明显，这类顾客喜欢将自己美好的一面表现出来，这也从侧面反映了她们很有朝气、自信。一般而言，她们的人缘不错，朋友也不少，不过，个性较为固执，不易说服。如果销售员要和这类顾客达成交易，就需要一定的耐心。当然，销售员的这种付出是值得的，因为她们广阔的朋友圈就是你未来潜在的客户。

7. 喜欢穿新鞋的女性顾客

毫无疑问，这类顾客属于时髦型的。她们向来有一种“钱不花就不来”的富裕型心态，所以购物时很冲动。她们的鞋柜里或许有很多只穿过一两次的新鞋，但总会感觉鞋不够穿。可以这样说，遇到这类顾客是大多数销售员的福音。不过，销售员在向这类顾客推荐产品时，也不能大意，毕竟作为老江湖，她们的品位、眼光不像普通大众那么好糊弄。

8. 穿鞋不讲究的女性顾客

这类顾客一般可以分为两种情况：一种是性格豪爽，生活态度比较随性，不想在穿衣打扮方面浪费太多时间；一种是勤俭持家。前者在花钱方面或许不会大手大脚，但也不会小肚鸡肠，这主要看钱往哪里花。后者在花钱方面会比较考究，有时候恨不得把一分钱掰开成两半花。当然，不管怎样，这类顾客终归有自己的实际需求，销售员把顾客的情况了解到位了，该买的东西，她们照买不误。

9. 爱穿带装饰物的鞋的女性顾客

这类顾客很喜欢打扮，有时候甚至会明显超过普通大众的审美极限，而她们又不自知。总的来说，这类顾客往往把自己看得很重，属于自我满足型。这类顾客与人打交道，很少顾及他人的存在，所以身边的知心朋友不多。销售员在和这类顾客沟通时，不能只顾滔滔不绝地讲，还要保证她们在听。即便销售员不认可她们的审美观，也不要在交谈中有任何流露。

饰物悬挂看出女性顾客的深层欲望

英语词典中，一般都把“服饰品”解释成“附属品”，因为在穿着打扮方面，它不是主要的部分，而是附属于服装的一种装饰。男性顾客并非没有悬挂饰物的癖好，但与女性顾客相比，几乎可以忽略不计。比如从头算起，女性的饰品有帽子、发夹、耳环、项链、纱巾、胸针、戒指、手镯、脚链等。作为销售员，如果留意观察顾客的饰物，可以窥探出隐藏在她们内心深处的心理需求。

需要注意的是，饰物正是因为它“附属”的特性，也就是说人们在可有可无的情况下，通过选择佩戴，说明人们对饰物的感受和钟爱，也可以反映出她们性格中的某些欲望。

饰品的种类繁多、花色齐全，这就给女性顾客的选择提供了广阔的空间。所以说，通过一个人选择饰品的大小、样式，可以大体判断出顾客在想什么、期待什么。或许有人会问，尽管饰物会给女性带来诸多“增色”的效果，但有些女性还是不喜欢佩戴饰物，那么该如何判断她们的需求呢？

其实，这类对饰物排斥或者不怎么重视的做法，本身就反映了她们的某些性格特征。根据行为心理学家的分析，这类女性顾客生活一般都比较朴实，想法也比较传统，所以原则性很强，购物时也会务实、理性。这类顾客的行为并非一向如此，有时候如果正在谈恋爱，或者默默地喜欢上了某个异性，她们也会突然换个发夹或者打个蝴蝶结。因此，饰物有时候也可以反映出一个人心境的变化。

然而，那些特别喜爱饰物的女性顾客的性格就完全不同，她们在爱情方面往往会比较主动，佩戴的饰品很大程度上是为了向男性传达某种开放的、友好的，或者炫耀的信息。这类顾客对饰品的追求很狂热，即便有些饰品家里就有，或者身上正戴着，但仅仅因为款式或颜色的不同，她们也会照买不误。所以销售员在向这类顾客推荐产品时，不要被她们已有的饰品迷惑，感觉对方肯定不会重复购买，进而错失商机。

鉴于饰物的种类繁多，这类就不一一赘述，仅选择其中比较有代表性的几个做重点介绍。销售员可以举一反三，并映射到男性顾客，从而形成自己的判断。

1. 项链的款式

脖子上戴项链的女性往往比什么都不戴的顾客更有女人味，项链上有坠子的会比没有的情感更丰富。项链坠子是鸡心形的顾客都比较多情，但又缺乏主动示爱的勇气。如果有男士追求她，她们也会用双倍的爱来回报。如果条件允许，最好由年轻、帅气、阳光的男性销售员对这类顾客促销，成功率会大增。当然，销售员仅凭外在魅力，没有专业的素养、温柔的语言，那么对这类女性顾客而言，也不过是个“花瓶”。

另外，项链坠子是某种抽象物的女性，往往个性较强，表现欲望也很强烈。遇到这类顾客，销售员要善用赞美，特别是在她们通过某个动作或表情施展自己的表现欲时，你的一句“你真有个性”都会让她们激动不已。不过，这类顾客的自我意识很强，如果有什么地方没说到位，或者做错了什么事，她们的批评也很犀利，毫不顾及对方的面子。所以，销售员在赞美的同时，也要注意自己的言行，避免某一刻陷入不利的局面。

2. 手表戴在左手内侧

如今人们佩戴手表已经从早先的计时需求转变为现在的饰物，而且在佩戴习惯方面也存在着明显的差异。家庭富有或本身独立、有教养的女性，往往将手表面朝左手内侧。一般很难从表面上看出这类顾客内心的期待，所以销售员初次接触时，要深挖需求。等需求挖到位了，成交也就水到渠成了。

3. 手表戴在右手内侧

把手表戴在右手图的是方便，这样无论是在开车还是在做其他事情都会比较省事。当然，也不排除为了吸引大家的注意。这类顾客性格热情奔放，喜欢冒险，很容易和人打成一片。但有时候也会表现过度，让人觉得有点放浪形骸。销售员在面对这类顾客时，可以多咨询一些有关对方冒险的经历，用这种谈话成交的方法或许会比较容易。

4. 不喜欢戴手表的顾客

这类女性性格活泼可爱，向来无拘无束。她们生活上比较随便，做事不太专一，不过与她们在一起，遇到任何困难都不用太愁，因为她们总会有办法让你相信可以渡过难关。向这类女性顾客推荐产品，最好多向她们展示一些可能对她们有帮助的，说不定哪个就被她们看上了。

随身包藏匿着顾客的处事迹象

随身包有多种款式，比如双肩包、斜挎包、手提包、单肩包等。对有些人而言，随身包只是一个载物的工具，但对另外一些人，特别是对一些女性而言，它也是重要的服饰品之一。有人甚至调侃说："没有皮鞋，女人不走路；没有皮包，女人不出门。"这也可以反映出包在女性装饰方面的重要性。如果要了解一位顾客的脾气、性格，看看他们包里装的物品，基本上就可以猜个大概。但是，这种做法的可行性太小，特别是现代人的隐私观念很强烈。能看包里的物品固然好，但是如果看不到，也不要灰心，其实只要留心观察他们所携带皮包的款式、颜色和大小，也可以判断出他们的个性和经济收入等。

1. 大且色彩丰富的包

大且色彩丰富的包在服饰搭配中尤为显眼，特别是女士用的包，更为夸张。那么顾客为什么会喜欢这么大的包呢？

首先，这符合他们吸引他人眼球的需要；其次，他们平时带在身上的东西很多，又不愿意收拾，索性统统放到一个大包里。用这类包的女性性格一般都属于活泼型的。比如曾经有位性格活泼的女主持在台上晒自己的包（事实上，"晒"这个词也最符合她爱表现的个性），结果发现包里的零碎可谓"包罗万象"，而且没有任何被整理过的痕迹。其实活泼型男性的包也好不到哪里去，他们的包不一定很大，但样子往往会很古怪，里面的东西也可以用乱和杂来形容。2016年3月份，浙江卫视《王牌对王牌》中的一期节目，宋小宝所在的小组游戏输了，惩罚措施是随机搜他们小组成员的包，结果宋小宝主动请缨，让工作人员把自己的包拿到台上。最后，从宋小宝的包里拿出来的东西包括护颈U型枕、连成一串的洗漱用品，还有一本西游记和一张上面写着“360元”的胸牌卡。宋小宝作为喜剧演员，其性格肯定要算在活泼型之列，所以从他的包里搜出来这些东西也就不足为奇。

不管是男士还是女士，携带大皮包的顾客往往经济收入都很可观，所以销售员推荐的时候，尽量选择价位高且实用性强的产品。

2. 公文包

这类包一般多见于比较正式的场合，这主要是他们工作的需要。如果一个顾客不仅在上班、见客户时用公文包，而且平时也用，那么他们很有可能是某个企业的经理或者职位更高的人。这类顾客注重效率，所以说话、办事都不喜欢啰唆。销售员向这类顾客推荐产品时，不用太多奉承，只要把产品的性能、注意事项介绍到位了，他们该买则买，不买也不用强求。另外，喜欢用公文包的女性顾客也多是强势而有个性的人。

3. 方形提包

这里所说的“方形提包”不包括上面已经说过的公文包，而是指一般的、大众型的包。这种包容积不是很大，但制作较精细，足够放一些日常用品。钟爱这种包的顾客要么是时尚先锋，要么就是比较严谨的普通职员。

4. 精致小包

我们经常会在社交场合看到很多女性手中提着精美的小包，而包里装的不外乎是常用化妆品和钱包。一般而言，有一定地位、美貌、修养的女性顾客会选择这样的小包，以显示她们的身份和品位。携带小皮包的女性顾客属于享乐型，花钱一般都比较阔绰，而且皮包越小，花钱越阔绰。面对这类顾客，销售员不妨多赞美，说不定顾客临走时购买的产品大大超出你的预料。

5. 大手提包

和这类顾客相处，会感觉到无拘无束、自由自在的气氛。他们一般很随和，能够迅速与别人建立起联系，但因为他们的散漫、不负责，这种联系并不牢固。向这类顾客推荐产品，销售员最好速战速决，不要拖延太长的时间。如果对方刚开始没有购买的意思，就说明对方没有这方面的需求，所以就算聊得再开心，对方也不会领情。

6. 廉价皮包

廉价的皮包很容易就可以辨别，比如看商标、款式，特别是有些地方还有磨损。这类顾客的经济条件一般，甚至有些艰难。当然，也有一些学究味很浓的女性，或许本身经济条件不差，只是出于习惯或对旧物的感情，那就另当别论。此时，最好再观察一下顾客的谈吐、服装等，然后判断是属于哪一类。

7. 黑色皮包

偏爱黑色皮包的顾客不局限于某个性别或年龄段，可以说比较大众化，他们多属于传统型。这类顾客为人处事严谨，道德感很强。与他们沟通，销售员就事论事即可。

8. 褐色皮包

这种颜色的包，其使用率仅次于黑色的。用这种颜色皮包的顾客，多属于进取型，思维开阔，敢于冒险，心态也比较积极。销售员在和这类顾客沟通时，多向其传达产品或服务可以带来的潜在好处，以此来吸引他们购买的兴趣。

9. 白色皮包

喜欢这种颜色皮包的顾客主要是女性，而且她们的性格普遍比较浪漫。这类顾客在日常生活中的穿衣打扮很讲究，而且消费普遍较高。一般收入较低的男士很难和她们建立真正的友情，更别提深厚的感情了。这类顾客的理想很多，销售员在向她们推荐产品时，不妨替对方画蓝图，为她们规划未来，如果聊得投机，或者蓝图规划得不错，成交只是费事刷一下卡的问题。

10. 红色皮包

不用说，几乎很少有男士用这个颜色的皮包，所以就可以默认为女士专属的颜色了。这类顾客很自信，性格奔放，愿意和所有人交朋友。说不定今天你还在以推销员身份向她们推荐产品，明天就可能和她们一起逛街买东西了。当然，有时候她们的热情有些冲动，会将自身置于有勇无谋的尴尬处境。

快速了解男性顾客的五个技巧

曾经有家媒体报道过这样一则新闻：有个外地的小伙子到城里打工，经朋友介绍给一家私企老板当司机。每到周末，老板休息，他就开着老板的车，从商店租一套打折的高级西装，手腕带着一款冒牌的高档手表，嘴里叼着雪茄，大模大样地进入夜总会，到处“招蜂引蝶”。结果，不到一个月的时间内，前后有十多位姑娘被骗。

公安机关在审理该案件的过程中，问那些受骗的姑娘被告人究竟采用了哪些骗术时，只见她们支支吾吾，最后才说，其实对方也没用什么圈套，只是她们看到被告开着豪车，西装革履，感觉很有钱，才主动搭讪的。通过这个案例，我们也可以了解到，第一印象难免会受到对方服饰以及所使用物品的影响。作为销售员，为了不被男性顾客的外表欺骗，就需要综合观察他们的外观，从着装到相关饰物，这样对判断他们的真实身份会有帮助。

1. 观察腰间的皮带

男人腰间的皮带，是判断他们经济状况好坏的主要标志之一。要是顾客腰间的皮带看起来很精致，像名牌，那么再看他们的服装。如果顾客同时身上穿着笔挺的名牌西装，脚上穿着锃亮的皮鞋，可以判断对方经济实力雄厚，文化修养较高。他们即便不是社会的上层人物，也是公司、机关的中上层领导。当然，也会遇到衣着讲究，但皮带寒酸的情况。如果是这样，基本可以断定对方是暴发户，经济实力很强，但文化品位较低。

2. 细察他们的眼镜

要想判断一个顾客是否在自吹自擂，只要留意他戴的眼镜就可以了。眼镜档次的高低，很容易辨别，只要到专业眼镜店里的橱窗大概看一下不同眼镜的价格，心里就会有一个大体的轮廓。同时，通过观察镜片，也可以做个大体的判断，比如有底色或者反光严重的眼镜镜片都不太好，价格也一般。另外，戴眼镜的顾客一般都会比较讲究，所以眼镜片也会擦得很干净。所以，那些连眼镜片都懒得擦或者根本没有注意到眼镜片脏了的人，作秀的可能性非常大。

3. 看清衬衫的颜色

经常穿大格子或者花色衬衫的顾客，一般观念较为开放，欲望也很强；喜欢穿淡色衬衫的顾客，观念相对保守，做事也比较严谨。前者职业相对复杂，比如广告、传媒、音乐、设计等，后者职业主要集中在公务员、银行职员、教师等。如果穿着花格子衬衫的顾客说自己在政府部门或者科研单位工作，那就要打个问号，并做进一步的观察了。

4. 不要忘记顾客的手表

如果说男士不喜欢饰物，那么手表一定是个例外。现在很多成功男士的手腕都会佩戴一款高档手表，相对于看时间这一实际功效，其作为身份的象征意义更大。表的款式、品牌不同，价格也会有非常悬殊的差异，同为机械表，便宜的可能只需几十元，贵的或许会要几十万。销售员一般不可能把顾客的表拿在手里仔细钻研，看它究竟是哪个档位的，但是仍然可以通过一些直观的观察有所了解。辨别表的好坏、真伪，首先看LOGO。即便有些假表模仿真表的LOGO，但它的边缘也会比较毛糙，不像真表那么光亮。如果还有条件，销售员可以再通过表链、表镜、重量、指针等，做进一步的分析。

5. 窥探颈脖里的青筋

通过观察衣领上方颈脖里的青筋，对判断顾客的职业非常有帮助。经常在室外从事体力工作的顾客，青筋显露程度会比较明显。比如顾客青筋发黑，或者颈脖上有横向的皱纹，就可以断定对方从事室外工作。相反，如果经常在室内做文案工作的顾客，青筋不明显，而且也很少有皱纹。

人很复杂，顾客也有很多例外，所以以上五个从外在看男性顾客的点难免存在偏差，而且了解男性顾客的点肯定不止这些。作为销售员，需要在日常的销售工作中多察言观色，培养自己识人的悟性，掌握规律了，销售能力自然水涨船高。

CHAPTER THREE

第三章

言外之意，顾客的语言声音都藏有玄机

话都是由人说的，而人的言行又受到大脑的支配，所以人说出来的话往往会以相应的目的为支点，灵活调整发音，特意遣词造句。这会给听者造成一定的困扰，但从另一方面，也是一次揣摩说者心理的机会。特别是顾客，在和销售员沟通的过程中，经常为了隐瞒自己的某个想法，或者掩盖自己的某个劣势，说一些并非出自本意的话。此时，销售员如果审时度势，去伪存真，就可以找到成交的公理。

透过声音听顾客的性格

看过江苏卫视《最强大脑》的读者一定对里面很多诸如“声波捕手”“听音盲侠”之类的脑力达人记忆犹新。“声波捕手”通过盲听电话拨号音和30位职场丽人的声音，快速进行声音匹配，展现了强大的人声分辨能力；“听音盲侠”在46面大鼓同时敲响，而且相邻两鼓角度差仅为4度的情况下，听出其中3面未敲响的鼓所在的角度。人脑强大，人的听力功夫更是了得，但这一切都必须具备一个先决条件——声音的不同。

的确，不管是器物发出的声音，还是人发出的声音，都会存在各种各样的差异。就像世界上不存在两片相同的树叶一样，世界上也不存在两种相同的声音。

声音是人感知、了解外物最常用的判断依据之一，与器物发出的声音相比，人发出的声音更容易分辨，一般人都可以掌握其中的要领，比如通过声的大小、音的长短等，了解一个人的性格、脾气等各种内在因素。作为销售员，如果掌握了听声辨人的技巧，也就相当于拥有了一个在销售领域披荆斩棘的利刃。

1. 通过声音大小判断顾客性格

（1）说话声大的顾客

这类顾客一般都是充满自信的领导式人物，做事果断，支配欲很强，经常为了达到目的而采取强制的措施让别人同意自己的观点。如果有人违反了他的原则或者没有按他的思维办事，他就会变得很有攻击性。销售员在和这类顾客交往的过程中，不能显得太弱，也不要太逞强，说话办事要果断利索，不能模棱两可，让人产生误解。

（2）说话声小的顾客

这类顾客要么是性格偏内向，要么就是身体虚弱，总之他们喜欢简短地交谈，不喜欢长篇大论。销售员在和这类顾客交往的过程中，要尽快确定他们的需求，并马上行动。与其和他们谈心，不如多做点实事，这样更能赢得他们的好感。

2. 通过语速、语气判断顾客性格

（1）说话既快又多的顾客

这类顾客的自我表现意识很强，不过警惕心也很高，即便说得很多，也很少暴露自己的真实想法。销售员要善于给这类顾客戴“高帽子”，多奉承并赞同他们的观点，比如说些“听起来真的很不错”“我也这么认为”之类的话，以此来激发他们的购买欲望和决心。

（2）语速慢的顾客

这类顾客对人真诚，做事认真，但经常我行我素，显得比较孤僻。因为他们接收信息的速度比较慢，所以销售员和他们讲话的时候，尽量采取和他们一致的语速，避免出现连珠炮式的提问。另外，销售员要善于提炼说话的要点，重复顾客的重要观点，表示自己理解了他的意思，并且正在全力为他们提供符合他们期望的产品和服务。

（3）说话亲切的顾客

这类顾客有修养、有本事，包容性和进攻性都很强。销售员不要被他们的声音欺骗，有时候，你的一个小小的失误都会被他们看扁，从而也就失去了销售的良机。

（4）句句不离“我”的顾客

这类顾客是明显的以自我为中心的顾客，他们的表现欲望甚至比那些说话既快又多型的顾客还要强烈，而且也更直接。有时候，为了达到抬高自己的目的，他们也会说些水分很多的话。在对这类顾客的购买力有充分了解的情况下，不妨顺水推舟，说些恭维的话博取对方的好感，当然，因为这类顾客的话本身可信度就不太高，所以行事方面还需谨慎。

3. 通过音色判断顾客性格

（1）声音高亢尖锐

这类顾客爱憎分明，情绪变化也往往会直观地体现在脸上。如果顾客是男性，他们行动力会很强，但容易冲动，也很容易疲倦。如果顾客是女性，她们往往会为了一点小事而大动肝火，举止行为会很轻率。

因为这类顾客容易受外界刺激，而且反应敏捷，通常会凭直觉即兴购物。销售员在和这类顾客接触时，要善于捕捉他们身上细微的变化，通过聊天与他们相识，掌握了他们的真实想法后再投其所好，成交也就是水到渠成的事情了。一般情况下，向这类顾客推荐新产品，成功率会比其他类型的顾客高一些。

（2）声音温和沉稳

声音温和沉稳的女性大多思想保守，做事也很谨慎。她们经常善解人意，有时候为了他人利益不惜牺牲自己的利益。这种类型的男性顾客为人忠厚，待人善良，但内心会比较固执。他们会用温和的方式表达自己的观点，不希望别人随意歪曲、误解他们的意思。总体而言，这类顾客都比较实在，更看重产品的质量。所以销售员在向这类顾客推荐产品时，应根据顾客的购买力，为他们提供性价比最高的产品，外观倒是其次。多用数据给这类顾客介绍产品，更容易激发他们的购买欲望。

（3）声音沙哑

外表看，这类顾客温文尔雅，接触了之后会发现这类顾客的性格都很倔强。他们的固执一般都只是内心的真实想法和情感，表现出来后会让人觉得很傲慢。这类顾客通常都会保持一种特立独行的处世态度，内心也往往会有点贵族的情结。购物时，这类顾客非常看重产品的质量和品牌。如果销售员推荐的产品本身就很有名气，交易就会很顺利；如果推荐的产品名气不大，但质量确实上乘，不妨拿出一些有说服力的数据来说服对方。当然，如果顾客还是没有购买的意思，就果断放弃，不要在他们身上浪费过多的时间。

（4）声音浑厚有力

这种声音听起来就像是从腹腔里面发出来的，给人一种很大气的感觉。事实上，这种顾客乐于助人，遇事也不太斤斤计较，公众形象也不错。销售员在向这类顾客推荐商品时，不妨建议对方团购，比如说可以送家人、朋友、亲戚之类的。或许，他们眼珠子一转就同意了。

（5）声音甜腻

发出这种声音的顾客多为女性，她们外表活泼，富有亲和力，一般喜怒不会形于色。当然，如果她们非常想实现的目标没有达成时，就会浮躁地过度表现自己，引起他人反感。销售员在接待这样的顾客时，多夸她们，但这不意味着她们只吃软不吃硬，必要的时候还是要软硬兼施。

解读口头语的弦外音

口头语一般指那些经常挂在口头但无实际意义的话，那么，口头语就纯粹只是一句毫无意义、不值得借鉴的虚词吗？当然不是。实际上，口头语的形成跟使用者的性格、生活环境、精神状态等有很大关系。口头语既是个人的显著标志，也会影响着其他人对这个人的直观看法。作为销售人员，只要留心观察，就会发现不同的顾客有不一样的口头语，比如常说“差不多吧”“随便”的顾客多缺乏主见、目标不明确；常说“也许”“算了吧”的顾客一般自信心不足；常说“没问题”“看我的”的顾客通常自信、果断，也乐于承担责任。

心理学家的研究显示，口头语作为下意识的表现，就像人的习惯动作一样，既反映了人的一种情绪、心态，也间接反映了一个人的性格。那么，顾客都有哪些口头语，它们分别代表了顾客怎样的心境呢？下面做了一些汇总：

1.“老实说”“不骗你”“说真的”

喜欢用这类口头语的顾客，性格有些急躁，他们总是担心别人会误解他们的话，所以提前用口头语做一个铺垫。之所以会形成这样的口头语，主要源于说话的人极力想给他人留下诚实可信的印象。和这类顾客打交道时，如果确信对方所说的话可信，就要对他们表现出足够的、同时能让顾客直观感觉到的信任。比如顾客看中一双皮鞋，对销售员说：“兄弟，我挣钱不多，你能不能少赚点，便宜点卖给我。说真的，我刚找到一份工作，而在这之前，已经两个月没有收入了。”销售员看顾客迟迟不肯离开，也确实通过对方的穿着感受到对方经济的拮据，犹豫了一会儿，最后说：“大哥，我相信你，这次就卖给你吧，不过你可别对别人说我以这么低的价格卖给你，否则别人再来找我，我就赔大发了。”这样，顾客从你这里感受到了对他的信任，说不定下次还会成为你的回头客。

2.“必须”“应该”“一定要”

喜欢用这类口头语的顾客往往都比较自信，支配欲也很强。有时候为了达到某种目的，他们甚至很强势地鼓动别人和自己一起努力。不过，“应该”说得太多的顾客，反而会表现出动摇的心理，特别是长期担任领导职务的顾客，往往会说这类口头语。

鉴于这类顾客的推理能力强，销售员最好少说多听，一方面满足对方表现自己的欲望，另一方面也少给对方一些挑刺的机会。所谓“智者千虑必有一失”，推理能力再强的顾客，难免也会有疏忽的地方，销售员要在倾听的同时，抓住顾客的漏洞，等顾客说完了，再对其进行补充。这样，顾客会对你认可有加，此时再趁势推进交易，就会顺利得多。

3.“据说”“听说”

用这类口头语的顾客，往往是想在心理上给自己留些余地。他们要么是决断力不够，要么是处事圆滑。和这类顾客沟通交往，销售员要听懂顾客口头语后面的话，知道他们这样说的目的何在。先对这些话的真实性进行分析，再根据自己的判断以方对圆，防止顾客用一些虚假的信息进行压价。

4.“可能”“也许”“大概”

这类顾客自我保护意识比较强烈，做事一般很谨慎，不会把内心的想法完全说给他人听。这类口头语很有弹性，说这类口头语的顾客往往平和冷静，人际关系也不错。有时候，当事情的发展局势一旦明朗化，他们会说“怎么样，我早说过”。这类顾客在购物时，往往会提前规划，目标明确，所以销售员最好明确他们的需求，满足即可，不必过多强调其他不在他们预算内的产品。

5.“但是”“不过”

爱用这类口头语的顾客一般都比较有进攻性，而且他们的观点、态度都比较鲜明。一般来说，从事公共关系的顾客多会采用这类口头语，因为这类口头语委婉、客观，可以很好地用来平衡公众情绪。

这类顾客见多识广，也很懂礼貌，他们可以很好地照顾别人的感受和情绪。所以，销售员在和这类顾客交谈时，会感觉很舒服、很愉快。不过，销售员仍然需要注意一些细节，比如当顾客想借助采购树立自己在团队中的形象时，销售员要留意一些细节，替客户梳理、澄清相关利害关系。销售员把细节做到位了，顾客自然会感激，成交当然也不成问题。

6.“啊”“呀”“嗯”

喜欢用这类口头语的顾客通常是因为词汇少，或者思维慢，用这些词可以作为一种缓冲，为他们准确应答争取点时间。当然，有时候，不是对方口头语的顾客也会用这样的词，这就说明对方比较有城府，想故意装聋作哑或者转移话题。另外，一些年轻的女孩通常会用这样的口头语表现自己的温柔。

针对爱用这类口头语的男性顾客，销售员先听多问少表态，否则一旦过早暴露自己的底线，就会陷入被动。针对爱用这类口头语的女性顾客，销售员只要多夸对方，成功率就会高。

7.“郁闷”“最近比较烦”

这类口头语的使用者多为都市白领或者有情调的小资。他们一般收入高，但压力也大，说些抱怨的、自嘲的话可以适当放松心情。事实上，他们大部分都还是比较乐观、开朗的。这类顾客是市场上各个领域消费的主力军，销售员要善于分析他们的需求，捕捉他们的兴趣，进行有针对性的促销，往往会让自己有意想不到的收获。

8．流行语

按理来说，口头语是一个人习以为常的话，而流行语则是社会某一阶段比较流行的话，这两者之间不应该画等号，但现实中确实有一部分人，就像穿衣打扮一样，很时髦，经常会把一些流行元素引入自己的说话办事中，形成自己的风格。

这类顾客表面时髦，内心却缺乏主见和独立性。销售员在向这类顾客推销产品时，不妨也说些流行语，让对方和你之间产生某种像是遇到了知音般的共鸣。最后，火候到了，再把产品的事拿出来，对方接受的可能性更大。

口头语很多，而且每个人可能有不止一种。所以销售员在销售的过程中，要学会分析、总结口头语背后的顾客心理，并将其转化为对自己推销有利的信息，最后达到成交的目的。

听懂顾客说的弦外音

日常生活中和朋友聊天，经常会听到他们这样评价与之有过接触的销售员：“那个家伙太笨了，和他说话简直是对牛弹琴。”“真不知道他的耳朵是怎么长的，给了他那么多暗示，也没懂。”可见，在和销售员沟通的过程中，顾客会经常使用一些“暗语”。作为销售员，如果没能及时听懂顾客的弦外之音，不但会丢了单子，也会遭来顾客如上的埋怨。

销售过程中，顾客可能存在多方面的顾虑，不会直白表达自己的意思，或者说出来的话有多种意思，那么究竟哪个意思才是顾客想表达的呢？这就非常考验销售员的领悟力。当顾客有所求时，往往会采用“暗语”，此时销售员要从他们的话中听出弦外之音，了解他们的真正意图，才能提供给他们满意的产品和服务。当然，顾客有时候提出的要求会很过分，销售员也没必要为此而动怒。首先了解顾客内心的真实想法，比如看顾客说贵是不想买呢，还是自己某句话说得不中听，得罪了对方？或者是对方真的觉得贵。所以，对于顾客的话，有时候需要直着听，有时候需要换个方向去理解。销售员灵活变通，并对症下药，和顾客有了共鸣，事情就会顺利进行。

当一个销售员去拜访一个公司的经理，对方说：“你们的产品我们先研究一下。”刚入行的销售员往往会从字面意思理解这句话，并自认为顾客对产品有意思，但他可能一个人做不了主，所以需要开会研究一下。相反，资深的销售员会比较敏感，不排除这是一个婉拒的意思。事实上，如果一个公司的经理遇到的销售员太多，他们也会形成自己的经验，就是生硬的拒绝往往会激起销售员的斗志，反而让他们产生一种百折不挠的勇气，再次上门拜访。所以，婉拒成为很多有经验的顾客经常采用的策略，而“考虑”正是他们常用的计谋。

如果那个公司的经理在说完上面一句话后，又添了一句，比如说：“我们先做个研究，当然，我们研究的结果还要看你接下来的表现。”毫无疑问，这基本上就可以排除是生硬的拒绝，而是一种暗示，比如要一点佣金、劳务费之类的好处。其实，现实生活中，特别是在生意场上，想要完全拒绝这种利益输送基本上不可能，所以如果对方的要求不过分，销售员就要体谅一下顾客。事实上，很多顾客表面风光，但是空有职权、经济拮据，所以日子也很难过。

当然，顾客可能还有别的意思，比如他们要做个实地调查，看产品是否如销售员所说的那样好。可见，简单一句“研究研究”可能包含着多层意思，所以正确理解顾客的弦外之音，也不是一件简单的工作。那么如何才能正确理解顾客的弦外之音呢？下面是五个比较实用的方法：

1. 从交谈的内容来理解

顾客的弦外之音有时候会比较明确，比如有顾客说：“你们茶的质量还不错，就是种类有点少！我一个朋友要结婚，所以想送点红茶，显得喜庆一点。”可见这位顾客的目的比较明确，就是要红茶。此时，如果有，销售员就赶快推荐，如果没有，不妨这样说：

“你朋友要结婚了，那可真是喜事呀。既然是结婚礼物，你看这套红色的茶杯怎么样，够喜庆吧？”

顾客：“样式看起来好像有点小众化。”

销售员：“哪里啊！现在年轻人都喜欢这个风格的。你进门之前，刚有一对夫妇买了两套，说是自己儿子结婚用的。”

顾客：“那就拿一套吧！”

销售员：“你看，你都买了红色茶杯了，再买红茶，泡在里面颜色会很单调，不如再来点绿茶，这样的搭配不光喝起来香，而且也养眼啊！”

顾客：“好像也蛮有道理的，那就再来点绿茶吧。”

2. 从顾客的声音来判断

大自然中的风、雨、雷、电都会以一定的声音呈现，而且可以用来判断天气状况，同样，人的声音的多样性也可以用来判断对方的真实意图、内心想法。比如一位平时说话粗声大气的顾客突然有一天变得轻言细语，这就说明对方有求于你，比如产品需要你的维护，或者你的竞争对手未能给他们如意的货源，转而寻求你的支持。

3. 从顾客的表情来观察

行为心理学家的一项研究显示，面对面的沟通中，人们通过言语、声音传达信息的比例仅为7%，而通过表情传达信息的则为38%。可见，通过观察顾客的面部表情，可以获取很多信息，这对我们理解顾客的弦外之音至关重要。比如顾客说：“你们产品的质量可真是不赖啊！”但他的嘴角上扬，眼睛斜视着你，这就说明他并非是在夸奖，而是在讽刺。

4. 从顾客肢体语言来分析

相对于舌头，人们的肢体动作更难受到控制，所以顾客很多言不由衷的行为都可通过观察肢体动作发现。比如一个你跟了很久的顾客突然被一个竞争对手给挖走了，一天面谈结束后，顾客说：“你们的产品很不错，有机会一定合作。”说完，他把你之前带来的试用品也给提了出来，并让你带走。即便你推辞，但对方的意志很强硬，这个动作基本上就说明，你们以后一定不会合作。

刚才顾客说的套话，只是鉴于你长期给他介绍产品的礼貌式回应。实际上在他们心里，要么是感觉你的价格比竞争对手高，要么是你的产品不符合他们的最低要求。

5. 从具体语境来理解

语境是两个人说话非常重要的前提，即便是同一句话，如果放在不同的语境中，甚至会产生完全相反的意思。与顾客的面谈中，他们的声音、表情、肢体动作都可以被看作语境的要素，综合理解就可以有效判断顾客的弦外之音。

比如顾客说："我们刚又建了一个厂房。"这句话的言外之意可能是说他们现在手头紧，也可能是说近两年生意不错，打算扩大规模。如果顾客是比较兴奋地说上面的话，那弦外之音就是后者；如果顾客以一种比较低沉的口吻说，那么弦外之音就是前者。

没有顾客天生喜欢说"暗语"，这样做肯定都有理由。比如有些顾客为了展现自己的风度，不忍心当面拒绝；有些顾客小肚鸡肠，就是要说些模棱两可的话吊你的胃口。当然，弦外之音都是有条件的，不是每句话都要咬文嚼字。有经验的销售员会发现，弦外之音一般会出现在关键、敏感处。

小话题，承载着顾客内心的大秘密

在销售过程中，销售员都会和顾客就一个或几个话题展开磋商。当然，有时为了自己的利益，顾客未必会将自己心中的想法如实告知，即便如此，随着沟通的深入，对方也会无意识地暴露自己心中的秘密。当顾客就某个话题发表看法时，销售员要注意对方说了什么，以及在说的过程中面貌神态、肢体动作的变化，从而大体判断出顾客的性情、气质及其实际需求和真实处境。

价格作为顾客关注度较高的话题之一，往往在获取顾客信息方面扮演着重要的角色。

在某商场的夏普卖场正聚集着几个顾客，其中顾客甲指着旁边的电视问道：“这款60英寸的液晶电视多少钱？”

销售员答道：“这款液晶电视的分辨率是3840×2160，售价6999元。”

听完后，顾客甲用一种比较高亢的声音问道：“太贵了，还能便宜吗？”

站在旁边的顾客乙表现得很平静，声音低沉地说：“7000块钱还算贵，你是还没见过更贵的吧？”

顾客甲斜着看了乙一眼，既谦卑又略带挑衅地说了句：“我做小本生意的，买个五六千的就行了。”

顾客乙将手中的三星手机在眼前晃了晃，看了一下时间，带着一副像是和解又抑制不住轻蔑和优越的表情说："这个还凑合。"

顾客丙站在顾客甲和乙身后，拉了拉女朋友的手说："咱们还是去看看国产的吧！"

这是一个卖场的现场，几位顾客就商品价格发表的看法以及做出的反应。我们可以从他们的话里听出每个顾客的信息：

顾客甲性情豪爽，也有一定的经济实力，算是刚刚稳定的中产阶级。他自尊心有点强，为人也有点圆滑。

顾客乙有钱但很傲慢，且很有城府。这类顾客穿衣风格、购买习惯都比较随意。他们买电视可能是为了自己看，但更大的可能是送人。他们平时的时间应该比较紧。不管买什么，他们都选择好的、贵的，只是为了彰显身份。

顾客丙经济能力一般，日子在精打细算中还算有滋有味。性格方面，顾客丙较为温和，而且也是个比较顾家的男人。

表面上看，以上对顾客的分析都是基于顾客的表情、语言、动作等，但实际上，如果没有有关价格这个话题的载体，以上都无从谈起。德裔美国心理学家库尔特·勒温曾经说过："在日常生活中，一个人所讲的话，都是在表述自己对各种事物、情况、问题的看法，而在讲这些话时所表现的语言特征，就能够很好地反映出一个人的性格。"勒温所说的"一个人所讲的话"也包括话题这个概念。

话题与心理之间的关系大致可以分为：第一，话题反映真实内心；第二，话题不反映真实内心；第三，话题部分反映真实内心。那么该如何区分呢？其实可以从顾客表达话题的方式来判断。

方式一：声东击西

销售人员与顾客分别代表了不同的利益团体，所以立场往往会不同，有时候双方为了争取到自己的利益会使用各种手段，声东击西就是其中一招。比如有些顾客觉得从市场行情压价比较困难，就会拿自己的特殊情况作为达到目的的手段。

客户："咱们先不谈价格，因为我们着急赶货，能否在30天内交货？"

销售员："通常都是50天交货，如果时间赶得太紧，恐怕保证不了质量。"

客户："我们晚一天的话要交违约金，实在不行就下次再合作吧！"

销售员："要不这样，我们把价格再降一点，你们再宽限几天，如何？"

客户："那我请示一下老总。"

……

客户："那好，就按你说的办，你们价格降一点，我们把时间宽限一点。不过你们一定要保证质量啊！"

面对重要客户时，销售员一定要对他们所谈的话题提高敏感度，剖析字里行间的意图。合理的可以采纳，不合理的提前规避。

方式二：开门见山

我们经常听说"财大气粗""店大欺客"之类的话，事实上，确实存在这样一个理。特别是那些实力雄厚的顾客，往往咄咄逼人，开门见山，很少顾及销售员的脸面。面对此类顾客，如果有理，就据理力争，但效果一般不大。尽力后，就顺其自然，不要太苛求自己。

方式三：借题发挥

有时候，顾客因为产品或服务会出现问题，但还没有严重到不可收拾的地步，往往会为了维护自身的利益而借题发挥，让销售员注意、警觉，以期达到和气解决问题的目的。比如销售方的产品或服务可能或者已经出现问题，顾客就会以其他顾客为例来提醒对方。

顾客："冰箱往我们家送的时候一定要小心啊，因为我们家住在5楼，又没有电梯，所以会比较麻烦。"

销售员："你放心，我们的师傅都是很专业的，而且爬楼梯也不是没有经验。"

顾客："去年我一个邻居就是因为买了一套家具，结果往家里搬的时候把门给磕坏了，后来还因为这个事和家具公司打官司了呢！"

……

在涉及安全这一话题时，顾客经常会提到已经出现过的案例，含蓄地表达让对方重视的目的。有时候，顾客会将一些很小的细节都提出来。对此，销售员不可大意，不只是当场拍着胸脯应付了事，更应该在接下来的实际行动中格外谨慎。一句话，小心无大错。

方式四：敲山震虎

所谓敲山震虎，就是顾客用比较夸张的方式表达自己的不满，从而引起销售方的警惕，以期达到让对方及时和强有力采取补救措施的目的。比如顾客因为一点小毛病就威胁销售员退货等。实际上，他们可能并非真的要退货，只是希望得到一点适当的补偿。

此时，销售员要沉着冷静应对，不能被顾客的"霸气"吓到。如果顾客的要求合理，就及时补救，顺便送他个人情，如果顾客要求欠妥，也不能随便敷衍或强势应对，而应当采取一定的策略巧妙解决。

语气、语速体现客户心理变化

《礼记·札记》中有云："凡音之起，由人心声也。人心之动，物使之然也。感于物而动，故形之于声。声相变，故生变。"这句话的意思就是外在事物的变化会引起内在心理的变化，而心理的变化又会直接体现在人的声音变化上。所以，对销售员而言，声音也是顾客暴露其真实情绪的非常重要的语言因素，特别是通过其语气、语速的变化，洞察顾客的真实目的和用心。谁可以更好地做到这点，谁就可以更快地抓住商机。

一个人的声音变化，可以体现在语气上，也可以反映在音量大小、语速，甚至口吃等方面。下面结合一些具体的情境，说明顾客说话时声音的各种变化，以及它所反映的顾客心理。

1. 说话变得高声大气

作为销售员，你已经和顾客就某件商品的购买达成了口头协议，但在签合同前的沟通过程中，你们突然对某项条款的合理性产生了分歧。刚开始，顾客还耐心地听你讲解，可后来突然高声地说道："如果非要这样讲，那我接受不了。"

一般情况下，顾客突然把声音调大都是为了达到两方面的目的：

（1）控制

所谓控制，就是控制说话环境。因为大声给人一种独断、强制且有威胁性的感觉，所以顾客希望借此在气势上压倒销售员。另外，顾客提高音量，也可以表明自己的立场和强硬态度，希望销售员降低条件，以达到节约预算的目的。

（2）说服

一些顾客把放大声音作为一种说服他人的手段，并认为只要声音够大、够尖锐，就可以让销售员屈服。事实上，很多性格较为懦弱或者新入行的销售员很容易屈服于此类顾客。

如果顾客试图通过以上说话方式控制谈话氛围或者说服你，那么最好的应对策略就是以柔克刚。让顾客先“吆喝”完自己的观点，然后你再心平气和地阐述理由。需要注意的是，销售员如果发现顾客言语上或逻辑上的漏洞，一定要以一种轻松幽默的方式提出，不要让顾客感到尴尬。

在谈话过程中，如果顾客说话声音大，但态度较为客气，说明对方很自信；如果顾客高声大气说话的次数较多，说明他的性格豪爽、粗犷，而且易怒、缺乏耐心。

2. 说话变得轻声细语

有些顾客在谈生意时，声音一直很正常，结果突然间变得轻声细语。销售员一般只能从中判断顾客的心理有变化，要想知道原因，还要注意观察他的动作、态度等。顾客声音变得轻声细语，有轻松、亲近的意思，大致反映出他的两种心态：

（1）渴望成交

顾客希望用这种方式加速彼此间的亲密接触，并快速突破交流中的障碍。但是，这一点必须辅助顾客谈话的具体内容来判断。

（2）中断面谈

有采购经验的人都知道，一个客户与多位供货商保持良好关系，才有议价的主动权。因此，即便有些顾客不打算与某个销售员合作，他也会客气地结束会谈，为以后的合作留余地。

如果顾客有成交的意向，销售员就要采用直接请求法、二选一等成交策略，果断出击；如果顾客想结束会谈，销售员也不必强求，正所谓“买卖不成仁义在”。

3. 说话变得急促

通常，当顾客撒谎时，为了掩饰，往往会用“连珠炮”般的语速发表观点。反过来，销售员也可以根据顾客的语速是否突然变快来印证对方是否在撒谎。当然，这里的语速急促是相对而言的，不是指那些本身就习惯于快速说话的人。

有些顾客很精明，会提前把准备好的理由像背台词一样记下来，然后回答起来很流畅，没有任何破绽。销售员如果想试探，可以提出一些细节性的问题，如果顾客支支吾吾，就说明刚才的流畅其实是言不由衷。当然，为了确定自己的判断，还可以借助其他有说谎属性的肢体行为，比如手摸鼻子、眼珠左右转动等。

经验丰富的销售员会发现，有些顾客其实没有撒谎，只是因为紧张、兴奋，或者极度想说服别人等，语速也会变得急促。所以，同样的语速急促，销售员要精确解析，区别对待。

遇到顾客撒谎的情况，销售员不要直接戳穿，而要装作不知道，就事论事、客观公正地加以引导。总之，就是动之以情，晓之以理，让顾客回到正轨。如果顾客只是因为紧张或者兴奋而加快语速，销售员就要运用同理心外加倾听等方式，建立感情。这样，顾客的情绪一旦平缓，销售工作就会顺利进行。

4. 说话变得缓慢

销售过程中，也会遇到顾客语速突然变慢的情况，原因大致如下：

（1）顾客想突出自己的话

有时顾客想突出自己的话时，就会放慢语速，为的是能提醒销售员注意。

此时，销售员要集中注意力，认真倾听，必要的时候可以拿出记事本，边听边记，这样更能激发顾客讲话的兴趣。

（2）顾客累了

判断顾客是否累了，可以结合其他肢体动作，比如打哈欠等。如果确实如此，销售员就要适当表示关怀，礼貌告退，并约好下次会谈的时间、地点等。

（3）顾客有困惑

顾客是否困惑，其实销售员可以结合自身所讲内容的难易程度自行判断。如果销售员讲的内容很复杂，或者很多，顾客理解起来就有障碍。此时，销售员除了留给对方思考的时间外，最好再结合顾客的疑虑，给出有针对性的解答。

判断前先过滤掉顾客话中的“水分”

人们常将“诡道”用于军事上的攻守谋略，事实上，商场上的买卖双方也会因为利益上的争夺而采取一定的计谋或者攻略。比如有些顾客为了获取一个优惠的价格，往往会说一些“水分”很高的话。为了给自己和公司创造更大的利润空间，销售员就要过滤掉顾客话中的“水分”。

顾客话中的“水分”一般以如下三种方式呈现：一是仿造他人案例；二是纯粹子虚乌有；三是捏造关键信息。如果对顾客所说情况不了解，一般很难判断它们的真实性，但正所谓“魔高一尺，道高一丈”，在长期的实战中，销售员也摸索出了一套辨别真伪，过滤顾客说话“水分”的“漏斗”。

1. 言辞前后矛盾的顾客，话中肯定有“水分”

不管顾客以哪种方式捏造信息，都会重点修饰自己的语言，因为他们知道销售员关注的重点也是语言。既然是捏造信息，顾客必然会通过谎言来掩盖事实，有时候为了保证前后一致，就要记住自己在各个阶段说过的话。曾经有一篇报道说，小时候擅长撒谎的孩子一般都比较聪明。暂且不管这报道的科学性，但这也间接证明了想把谎话说得圆满是一件很考验智力的事情。顾客说谎时一般很少考虑自己的智力、逻辑推理等，因为他们大部分都是临时起意。特别是那些原本就不擅长说谎，或者心理素质不太好的顾客，很容易紧张，或者放松警惕，导致的结果就是前后矛盾，漏洞百出。

比如有客户在和销售员甲谈交易条件的时候，经常会过分夸大其竞争对手销售员乙提供的优惠，以期达到让销售员甲提供更大优惠的目的。销售员甲不妨仔细聆听客户提到的销售员乙给出的优惠信息，并在接下来的咨询中找一些涉及内容多，又比较专业的信息向客户提问。如果顾客说的是谎话，要么会变得沉默，要么就会记不住自己编造的细节，结果自相矛盾。所以，如果销售员在和客户沟通的过程中发现对方说谎，先不要拆穿，而是“用计”引导，并在恰当的时候让对方意识到自己的谎言。此时再让顾客说出自己真实的想法、信息，并结合实际情况给出双方都可以接受的合理条件。

2. 声音变化反常的顾客，话中也可能存在“水分”

声音就像一个反应灵敏的传感器，可以通过分析其大小、语速、语气等来捕捉顾客的心理变化。如果再结合面部表情、肢体动作等，这方面的信息判断就更可靠了。

撒谎时，顾客普遍会内心紧张，心跳也会加快。有时候为了掩饰自己的紧张，他们的声音会不自觉地提高。因为是在撒谎，所以顾客的记忆力要承载很多信息。为了将这些信息快速释放，他们的说话速度会加快，特别是在临时捏造信息的时候，这一点体现得更为明显。以上声音的变化，如果再结合摸嘴巴、鼻子等动作，就基本上可以断定对方是在撒谎了。

3. 从停顿看顾客话中的“水分”

撒谎作为一种由内而外的行为，必然会出现某些显著特征，比如内在的心跳、外在的声音变化等。其实，作为一种外在的特征，频繁的停顿也算一例。顾客在撒谎时之所以会频繁停顿，原因大体上可以分为两种：一来，顾客事先并不知道自己会撒谎，只是为了压价或争取优惠才临场发挥，自然没有“台词”；二来，即便顾客是有备而来，事先准备好了“台词”，但说的毕竟都是

“虚话”，所以发挥的时候难免谨慎。比如顾客在罗列某些数据时，如果停顿，便可以推测他正在变更某些关键信息，之所以停顿是为了给自己的心算争取时间。此时，销售员可以凭经验或者与其他顾客类似的信息作对比，来判断顾客所说信息的真假。随后可以借题发挥，自然引出某些相似公司或顾客的数据，向顾客请教为何会出现情况相似而数据不同的现象。知趣的顾客如果听到这里，撒谎的口吻自然会有所收敛。

当然，从停顿中判断顾客是否撒谎容易，接下来的处理工作才非常考验销售员的能力。所以，销售员要想把销售工作搞好，除了日常经验的积累之外，与顾客接触前的准备工作也要做到位。

顾客拒绝背后的真相

可以毫不夸张地说，销售员就是和拒绝打交道的，即便那些把本书所有内容都掌握的销售员也难说对顾客心理就了若指掌，更别说永远不会再遭到顾客的任何拒绝。那么在面对顾客的拒绝时，该如何从容应对，以实现销售的目标呢？借用孙子谋略：知己知彼，方能百战不殆。所谓“知己”就是对自己产品的优劣了如指掌，那么不管顾客是批评指责也好，拒绝也好，都可以做到心中有数。所谓“知彼”就是对顾客的性情、心理有所了解，判断其拒绝属于哪种类型，从而对拒绝的真伪做出客观判断。

顾客拒绝按其表现形式大体上可以分为三类，分别是理智型拒绝、借口式拒绝和情绪型拒绝。一般理智型拒绝都是真的，而借口式拒绝和情绪型拒绝都是假的，所以销售员要从顾客不同的语言中判断出他们拒绝背后的真相，这样才可以做到对症下药。

1. 理智型拒绝

这类顾客拒绝的时候一般都会直接说出理由，比如“因为太贵了，所以不买”“现在用不上，等以后用到了再说”等。通过观察这类顾客的肢体动作以及声音，基本上可以判断他们的拒绝之词是否真实可信。这类顾客的消费一般都比较理性，在没有做出最后决定之前，他们一般不会拒绝，所以一旦拒绝，那就说明这是他们经过权衡、充分考虑后的态度。

理智型顾客拒绝的情形大致为：没需求、缺乏购买力。在实际应对过程中，销售员最好也采用理性的方法来应对顾客的理智。比如以自己专业的知识、温和的态度，驳斥顾客拒绝的理由。一旦顾客态度有所软化，就说出自己的建议，给顾客画一个购买后的蓝图，以促成交易。

很多人以为购物理智的顾客缺少人情味，实际上这是一种误导。其实在面对理智型拒绝的顾客时，不妨通过赞美或者示弱博取同情的方式，打开顾客的心扉。

2. 借口式拒绝

有时候，顾客为了掩饰自己的真实心理，会说出一堆借口，比如“我没钱”“别的地方更便宜”“没权力做决定”等。面对这些借口，粗心的销售员很容易就“上钩”了，但那些观察力敏锐的销售员还是可以通过顾客的其他行为、语言判断出顾客的真实心理，从而找到有效的成交方法。

李丹是一家英语培训机构的销售员，一次在街上发传单的时候碰到一位手里拿着外语课本的小伙子，便上前搭讪。

李丹：“你好，请问你是学生吗？”

顾客：“不是，已经上班了。”

李丹：“哦，我看你手里拿着英语书，看来你平时还是蛮喜欢学习的嘛。你知道我们这个培训机构吗？”

顾客：“恩，有听说过。”

李丹：“谢谢你的关注。是这样的，现在我们在搞一个优惠活动，原本4000元半年的课程，现在只要3200元就可以获得，而且还有外国名校的讲师前来授课，你有没有兴趣参加？”

顾客：“我觉得上这种课没用，还不如在家里看书或者听录音呢。”

李丹：“这感觉和效果肯定是不一样的。”

顾客：“我觉得这课没意思。”

听到这里，李丹决定放弃这个顾客，因为通过对方说“没意思”这句话，基本上可以判断顾客是在找借口拒绝。当然，原因可能会有多种，但李丹结合他身上的其他一些特征判断出，这位顾客的购买力有限。比如对方很年轻，谈吐很随意，不像是受过高等教育的人。另外，对方的穿着打扮也比较一般。这类顾客一般都不是准顾客，销售员尽早放弃是明智之选。

3. 用借口达到压价的目的

有时候顾客当着销售员的面说“太贵了”“别处更便宜”，但眼睛始终不离开产品，那就说明顾客是在以此为借口压低价格。这类拒绝一般都有点虚情假意，或许顾客也是想碰碰运气，能降价固然更好，不降价也不妨碍自己最后购买。

面对这类顾客，销售员不妨就顺着对方的意思，把价格适当降低一点。当然，不要让顾客觉得你很容易就被说服了，一定要表现得有点为难。这样，当你让步了，顾客也不好意思再拒绝了，剩下的只有对方交钱你给货了。

4. 等待更加成熟的时机

随着市场竞争的日趋激烈，商家们通过各种优惠、福利刺激销售，久而久之顾客的购买心理就被宠坏了。相似的商品，顾客总觉得别家的更好；同样的产品，顾客总想着网上的更便宜。因此，即便你向顾客推荐的产品已经很让对方满意，但他们总会以各种理由拒绝。其实，这类拒绝归根结底还在于顾客对行情不了解，或者希望得到性价比最高的产品，所以只要找对方法，还是可以扭转他们的类似心理的。

如果自己的产品在价格、质量方面确实已经很优惠了，那就不妨给顾客一颗“定心丸”，告诉他，如果有人卖得比这里的还便宜，可以无条件退货等。

如果对产品的价格和质量底气不足，就提醒顾客天下没有免费的午餐。比如告诉顾客别家的或许真的便宜，但要购买，是需要附加条件的等。如此一说，顾客自然三思，拒绝的防线必然减弱。

5. 情绪型拒绝

情绪型的拒绝在表现方式上是最粗鲁、最直接的，但既不代表顾客对产品没需求，也不代表顾客是想等待时机，纯粹只是销售员的运气不好，或能力不强。这类顾客拒绝的原因一般是自己的心情不好，所以对所有人都不给好脸、好言；或者顾客心理上曾经有阴影，结果对同一类产品或销售员一概抱有偏见。面对这类顾客，销售员只要采取适当的措施，成交的概率还是非常大的，因为这类顾客的情绪波动很大，差起来容易，好起来也快。

销售员在向这类顾客推荐产品时，必须坚守一个原则：先处理顾客心情，再推销自己的产品。比如，耐心地听顾客的倾诉、抱怨，为顾客做点力所能及的事情，让对方感受到你的温暖、善意等。如果顾客敌视的只是产品，就像现在很多人对保险的偏见一样，那么销售员第一步要做的就是让对方给自己一个纠正他们对产品偏见的机会。等顾客对产品的偏见缓解了，再给顾客一个购买的理由，说到他们心坎上了，顾客表现出来的热情会让你觉得刚才经历的粗鲁、暴躁就像是一场梦。

价格太贵的潜台词

想象一下这样一个场景：你热情地迎接顾客，耐心地讲解产品，到最后谨慎地报出价格时，顾客却来了一句“抱歉，这个东西太便宜了”。此时，你该做何感想？其实不用多想，顾客八成是看不上你的产品，自然产生厌恶的心理，才会说出“便宜”的话来。相反，如果顾客说“价格有点贵”，作为销售人员又该做何感想？尴尬、兴奋，还是绝望？

其实，对销售人员来讲，顾客说“便宜”那是将你的军，顾客说“太贵”是在探你的底。因此，顾客说“便宜”，那就意味着没戏，说“贵”代表着还有可能。此时销售人员最成熟的做法不是揣摩自己的心理，而是弄清顾客的言外之意，因为顾客口中的“价格太贵”都有潜台词，背后肯定也潜藏着更多内涵。作为销售人员，要弄懂顾客的潜台词，不要对顾客的行为做出误判。

潜台词之一：价格比别人高，难以做决定

顾客都有货比三家的习惯，因此有时候顾客说“贵”并非只是口头禅式地把这句话搬出来和你砍价，而是有切实的经历。此时，顾客一方面对你的产品有好感，一方面又嫌价格高，所以很难做出决定，也就意味着顾客进入了购买的“评估选择”阶段。作为卖家，在这个关键时刻要弄清楚影响顾客评估的准则，强化质量，弱化价格，将竞争对手的产品比下去，直到获得订单。

有个在广告公司工作的顾客，为了提升自己的职业形象，减少垃圾邮件的接收以及其他方面的不便、故障，想租用企业邮箱，便找到一家网络运营商。作为这家网络运营商的客户代表，孙志文为这个顾客提供了几款服务，价格从600到1200元不等。顾客一开始嫌贵，事实上到最后他选择了一个最贵的。孙志文是怎样做到的呢？

顾客："你们的价格比我昨天咨询的那家贵，我觉得还是考虑他们的吧。"

孙志文："请问您现在的邮箱每天大概会收到多少垃圾邮件？您是如何处理它们的？"

顾客："没有具体统计过，不过最少也有40封吧。主要是一些重要的客户发来的邮件夹杂在其中，找起来会比较麻烦，也耽误时间。"

孙志文："的确很麻烦，而且有时候还会因为没有看到，或者没有及时看到客户的问询邮件而误大事。那么除了垃圾邮件之外，您现在所使用的邮箱服务器的稳定性怎么样？"

顾客："我会不定期地停机检修，而且每次停机检修，都会收不到对方的邮件。为此还被顾客抱怨过几次。"

孙志文："所以，拥有一个稳定而且可以有效隔离垃圾邮件的邮箱对您而言就显得很重要了，不是吗？"

顾客："你说的也对，毕竟机会成本更重要。对了，你刚才说如果现在开通的优惠措施是什么来着？"

通过以上对话可以看出顾客对运营商评估标准的微妙变化：谈话前价格最重要，防垃圾邮件其次，稳定性最不重要，谈话结束后稳定性最重要，防垃圾邮件其次，价格最不重要。当然，这种变化不是无缘无故就发生了，而是孙志文向顾客澄清利弊，进而影响了顾客购买时的决策准则，最后顺利达成交易。

潜台词之二：对你不了解，风险大，所以再考虑考虑

美国有家大型商用机器公司经常会发生因为价格而丢单的案例，后经他们调查发现其中64%并不是价格的原因。对此，客户一般都是这样回答的：

“他们的宣传挺不错，但要是细看的话会发现并不实用，而且有的设计还是累赘。”

“他们的机器还行，但要是换供应商的话就太麻烦了。”

“没错，机器挺好，可听说售后服务不怎么样。”

“刚上任的副总裁原来是他们的一个竞争对手，我可不想得罪他。”

很显然，这些顾客真正的顾虑并非价格，而是产品和服务。或许在顾客心中，他们真正想的是“我担心要是我的决定是错的，会很被动”！这些无法解释清楚的顾虑，可称之为“负面后果”。

当然，顾客没有明示自己的顾虑信号，并不意味着要忽视这些信号，因为这样做比当面弄清这些潜在风险更危险。作为销售人员，应该谨记一条准则，永远积极主动地消除顾客的各种顾虑。

潜台词之三：你说的不是我关心的

有位顾客想换辆新车，就走进一家大众4S店。车商为他推荐了一辆最新款，而且绘声绘色地将车的性能描述得很到位。最后，客户以价格太高为由拒绝了这家4S店的推荐，没过多久就从另外一家车商那里买了一辆更贵的。

这是怎么回事？原来第一个车商在描述新车的时候没有征询顾客的意见，只是一味地描述它有多么时尚气派。第二个车商没有具体描绘车的性能，而是问顾客以前的车是不是经常有故障，维修要多长时间，一年保养费花多少？这

些问题是顾客很关心而且很愿意主动倾诉的地方，所以这样挖掘顾客的需求无疑就抓住了顾客的心。

很显然，在这个例子中，顾客说“贵”只是一个借口，而第一个车商没有把握好“需求认知”这一关键环节，结果忽视了顾客的真实想法。因此，销售人员必须学会从解决顾客问题的角度来描述产品，而不是只做一个产品代言人。换句话说，销售人员必须清楚自己的产品可以解决顾客的哪些问题，不管这些问题是否存在。

做销售的过程中会面临很多来自顾客的误区，如果因为策略或技巧而迷失其中，吃亏的还是销售员自己。销售员必须想办法弄清楚顾客嫌贵的真正原因，然后对症下药，这样顾客的借口才能不攻自破。

倾听是化解顾客抱怨的利刃

顾客有时候会通过抱怨来发泄自己的不满，这些抱怨中有些纯粹是无理取闹，有些则是商家或服务方条件不足，当然，也有些是工作失误等。不管是哪种抱怨，当顾客说话的时候，作为销售服务的一方都最好保持沉默并认真倾听，因为这是化解抱怨的利刃。如果顾客抱怨，你辩解，那么顾客的抱怨就有可能升级，最后变质，不做你的生意。事实上，很多顾客之所以抱怨，只是为了发泄一下自己的情绪或者提出自己的某些建议，而对产品或者你的服务本身并没有大的异议。

文韬是一家家具厂的销售员，一次在进货时听到一位客户抱怨说有的沙发体积太大，而仓库的门又太小，搬进搬出不方便，有时候还会因此在沙发上留下划痕，最后影响了销售。最后这位客户顺口提了一句说："要是沙发可以拆卸就好了。"文韬把这个问题向公司领导作了反映，一个月后，可以拆卸的沙发就送到了客户手里。这样的沙发，不仅节省了库存，而且还为顾客带来了方便。需要注意的是，这个创意，正是文韬在客户的抱怨中获得的。

总的来看，能直言不讳地向销售员抱怨的顾客不多，因为大部分顾客如果感觉不满意就会径直离开，或者遇到认识的人时建议他们不要购买你的产品。

所以遇到顾客抱怨的情况，不要觉得麻烦，而要把这当作改变对方意识、提升自我的一次机会。下面总结了一些可以变不利为有利的处理顾客抱怨和投诉的方法：

永远不要和顾客发生正面冲撞；

不要对顾客使用带有挑衅性词汇的语言；

让顾客宣泄他们的情绪，鼓励他们表达自己的不满；

要及时采取补救措施，拖延只会让情况变得更糟糕；

敢于担当，可以解释，但不能找借口；

与顾客沟通，礼貌是第一位的；

给基层员工足够的权力，让他们机动灵活地解决各种问题。

总之，当顾客有任何不满的情绪和抱怨的语言时，一定要坐下来认真倾听，有必要的话拿出记事本做一些记录，这样会给客户传达出一种你很重视他的感觉。当然，光倾听肯定是不够的，还要在私下对顾客的抱怨做一番调查，根据具体情况找出应对的办法。

CHAPTER FOUR

第四章

察行观止，顾客的肢体动作是第二语言

与外貌服饰、语言声音相比，人的肢体动作更为诚实。顾客的肢体动作会自然、率真地呈现他们的心理反应，但有少数顾客为了迷惑销售员，而故意摆出相应的肢体动作。所以，准确把握顾客的肢体行为，对精准剖析他们的心理至关重要。有些肢体行为很微妙，有些则很剧烈，动作轻重程度不一，也正比例地反映了他们心理的变化情况。对微妙的动作，眼睛要敏感；对剧烈的肢体动作，反应要迅速。总之，一切为了成交。

手部动作是顾客内心活动的“心电图”

现代科学一般认为，手是除了可以感受三维空间的眼睛以及可以处理复杂信息的大脑之外，另外一个使人具有高等智慧的器官。想想手部动作的灵活性以及我们在说话办事过程中借助手部动作传情达意时的景象，上述观点也不言自明。另外，现代科学也证明，手可以感受到来自内心0.0002毫米的振动，所以人的心理变化会迅速地通过手部动作反映出来，这就不奇怪为何很多人都会将顾客的手部动作视为其内心活动的“心电图”了。

实战中，销售员仔细观察顾客手部动作的变化，就可以清晰地描绘出顾客心理变化的轨迹，从而指导自已销售工作的顺利进行。一般而言，顾客的手部动作可以分为以下几类：

1. 背手

经常做出这种动作的顾客一般对生活充满自信，而且对未来也有着美好的憧憬。这类顾客的心态成熟，遇事也会冷静处理，给人一种镇定自若的感觉。当然，以上所言只是宏观分析，具体情况可能会存在差异。比如有些顾客双手背于身后，并用一只手抓住另一只手的胳膊或手腕，则表明对方心理紧张，之所以采用这种手势，就是想控制紧张的情绪。另外，有些害羞的年轻女性顾客遇到陌生的业务员也会不自觉地采取这种姿势。如果顾客出现这种手部动作，那么手握的位置越高，说明他的紧张程度也越高。

2. 搓手

很显然，这里的搓手仅限于心理学角度，而非冬天怕冷从物理学的角度利用双手摩擦生热。顾客搓手其实表达了他们内心的某种期待，根据搓手的快慢大体上可以分为两种情况：快速搓手说明顾客对所说的事情跃跃欲试，心中还夹杂着某种急切。销售员遇到顾客的这类手部动作，应该停止对产品的宣讲，改为促进成交。相反，缓慢搓手则说明顾客犹豫不决，正在考虑。此时，销售员不要心急，给顾客适当的缓冲，必要的时候再给他们适当的鼓励。

3. 十指交叉

十指交叉是很常见的手部动作，销售员不要以为顾客做这样的手部动作就是自满的意思。相反，如果顾客十指交叉并遮住一半的面部，一般都是在隐藏自己的感觉。当然，也有可能是一种无声的对抗，意为对你的话不感兴趣。如果顾客突然把交叉的十指松开，并配合着身体上倾，说明他想发表自己的观点，或者想离开，但碍于面子，不好意思表达。另外，交叉的十指也表示焦虑或紧张不安的情绪。就像同一个英文单词在不同的语境中有不同的含义一样，同样一个十指交叉的动作，也会因为语境、场地环境等不同，表现出不同的含义。销售员除了要掌握手部动作的各种实际寓意之外，也要对号入座，具体分析。

4. 触碰鼻子

在和顾客交谈的过程中，发现对方做出这一手部动作，表明他在思考销售员提到的事情。这个手部动作大致可以分为以下几种情况：用指尖顶着鼻翼，说明他怀疑你说的话；不断重复这一动作，则表示他拒绝；如果堵在鼻子下面，则表示顾客对你所提的事情感到不快。

5. 挽着胳膊

挽胳膊的姿势大概分为以下几种：挺着胸，一只手挽住另一只手靠上的位置，表示对方自我夸耀；如果挽着胳膊靠下的位置，并紧贴身体，则表明顾客不安，正在释放“防卫信号”，并企图搭建一个保护屏障；如果挽胳膊的同时弓着背，则说明对方局促不安。

透过张望判断真假顾客

经常听到很多销售人员抱怨说：“现在逛商场的人越来越多，但买东西的人却没见增加多少。”其实，这是一种误读。聪明的销售人员能透过顾客进店后的张望，迅速判读出顾客是随便看看，还是真心购买产品。

进入一个陌生的购物场所，眼神通常是“出卖”顾客的“急先锋”，特别是当顾客在观察产品时。销售员如果能够很好地抓住顾客眼神流露出的玄机，就可以探知他们内心深处的想法。

刘龙是一家房地产公司的业务员。一次，他带了一位客户去看房子。刚看了还不到一半，客户就开始抱怨说：“这个房子在设计方面存在缺陷，比如……”客户一口气罗列了好几条类似的意见。听到这里，刘龙的情绪顿感失落，还想着今天又免费当了一次导游。不过，刘龙很快观察到一点，顾客在嫌这嫌那的同时，目光会时不时地转移到窗外的景色。对于房子外面的景色，刘龙非常有自信，因为附近很少会有比这里更优美的环境。刘龙也据此推断，顾客嘴上嫌弃，但其实对这座房子的位置、外面的环境还是非常满意的，而之所以不断抱怨，是想在价格方面为自己捞筹码。这也充分说明，顾客是真有买房子的打算，不只是随便看看。接下来，刘龙在介绍的时候，把重点转移到屋外的环境，以此来强化房子在客户心中的地位。果然不出所料，对于房子外面的环境，客户没有一句挑刺的话，最后，刘龙也和客户顺利地达成了交易。

通过这个案例我们可以得出一个结论：顾客嘴上说的即便是对的，也不一定是主要的。销售员要多去观察顾客眼神中流露出的情感，推动自己业务的开展。

美国一位著名的销售顾问曾说："在一个不到30分钟的业务交流中，双方会交换800种非言语信息。"在这所有的交流信息中，目光是一个非常重要且关键的角色。如果顾客的目光飘忽不定，不敢正视销售人员，说明对方购买产品的意愿不强；如果顾客的目光四处看，而不聚焦于一个明确的观察对象，销售员基本上就可以放弃这个顾客了，因为对方想离开；如果顾客的目光长时间集中于或者反复观看某一个产品，那说明对方对这个产品很感兴趣，销售员重点介绍完后，顾客即便当时不买，也会在未来的某一刻再回过头来做出决定。

顾客的目光中所隐藏的含义会因人而异，并不是所有具有以上目光特征的顾客都会做出相同的反应。如同某些有经验的犯罪分子，会锻炼出一种反侦察的能力一样，某些对行为心理学有了解的顾客，也会反向操作。比如有些顾客，为了不让销售员看透自己的内心，或者掩饰心底的真实想法，他们会强迫自己把眼睛睁得很大。对于这类顾客，销售员往往会形成一种误解，以为顾客对产品很感兴趣，岂不知这恰恰是拒绝的信号。

顾客张望时流露出的目光有很大的学问，必须根据实际情况才能做出正确的推测和判断。如果推测不准确，或者后续行为与判断不对称，都有可能带来非常不利的后果。

前面提到的刘龙现在已经是一个非常成功的销售员，不过刚开始接触这份工作时，也有过惨痛的失败案例。一次陪顾客看房子，双方从始至终都沟通得很愉快，尽管对方明确透露出暂时不会购买的意思，刘龙也一直表现得很淡定。不过，就在要离开的时候，客户又回头冲房间看了一眼。这个小动作被刘龙捕捉到，并喜出望外，他错误地以为客户是在暗示自己他其实是喜欢这个房子的，便得出一个结论：如果现在不促成交易，以后恐怕就再也没有机会了。就这样，还没走到电梯，刘龙就拦住顾客，又滔滔不绝地把房子各方面的好处说了一遍，还向对方承诺，如果此时购买，还可以享受某些优惠，而这些优惠他刚才并没有提到。说到一半，当刘龙还沉浸在自己的激情中时，客户就开始用手搓脸，目光还左右晃动。很显然，客户有些不耐烦了，但刘龙完全不在乎这些动作，还是不停地说。结果，刘龙还没说完，对方就转身离开了。

后来刘龙才知道，客户是从外地来的民企老总，因为对行情不了解，所以比较犹豫。他刚开始听刘龙介绍，只是想咨询一下行情，也好做个比较，并没有决定购买。谁料刘龙求胜心切，硬是只凭借对方的一个小动作就把自己置身于一条“不归路”。

最后，客户不说一句话就离开，这样的反应程度有点大，不过刘龙的表达也存在问题，特别是当顾客目光游离，四处张望表现出烦躁心态时，本应适可而止，但刘龙没有这样做。按理说，刘龙应该可以观察出顾客脸上的不悦，而之所以没有采用理智的行为，还在于自己心里抱有一丝的幻想。当然，销售员对成交抱有最后的幻想也是坚持的一种表现，但必须符合宏观的形势，特别是当顾客已经明确释放出不耐烦的举止时，就要果断改变策略。

很多销售员整天忙着寻找客户资源，也忙碌着拜访客户，但成交量总是上不去。高效率销售的关键不在于每天拜访了多少潜在客户，而是接触了多少真正有意愿的客户。在现实销售中，确实存在很多不以购买产品为目的的人，他们当然不会告诉销售员自己的真实动机，所以销售员要练就一双“火眼金睛”。最可靠的办法，就是观察顾客张望时的眼神，看它是流离、专注，还是散漫。等确定了真顾客，再把精力重点投入，效率提高，销量也会水涨船高。

透过握手“触摸”顾客心灵

中国自古以来就是礼仪之邦，传统的见面礼有作揖、抱拳、鞠躬等多种，不过现在基本上被充满西洋风味的握手取代。作为一种国际化的社交礼仪，握手越来越普遍，小到认识朋友，见客户，大到国家领导人的正式会谈，几乎是随处可见。握手有两人之间面对面地“正握”，也有几个人站成一排左右手交叉着与旁边的人“侧握”；在力度方面，有轻有重。事实上，不同的握手方式，或者握手时人们的不同反应，都体现了一个人内心的想法，所以透过握手，可以“触摸”对方的心灵。销售员在和顾客打交道的时候，也经常会遇到需要握手的情况，此时，如果积极主动一点，敏感一点，就能从顾客那里提前获悉很多信息。

曾经有人就握手的效果做过这样一个实验：

总共有六个实验者，三男三女，互相都不认识，而且年龄相当。男女搭配分成三组：第一组蒙着眼睛说话；第二组没蒙眼睛，但只对视不说话；第三组蒙着眼睛不说话，只用双手握住对方的手。结果，第一组实验者感觉旁若无人，而且互相之间的好感度下降；第二组实验者有距离感，好感度也下降；第三组虽然蒙着眼睛，但因为握过手，所以有种温暖的信任感，好感度上升。这一结果证明了这样一个道理：人与人之间的身体接触（握手），可以消除对方心里的“防火墙”，即便是初次相遇的人，也有同样的效果。

1. 用力握手潜藏着顾客的心计

顾客握手愈用力，就愈能够给对方留下深刻的印象，同时也说明他想居于主导地位。这类顾客往往自信心很强，而且在谈吐方面可以感受到从容的组织力和天生的领导力。

不管其真实身份如何，这类顾客一般都是团队、组织中的关键人物，也是销售人员重点说服的对象。当然，销售员也不能示弱，最好表现出和对方相等的姿态，从容、大方的举止，否则对方根本不会重视你说的话。

2. 握手时力度适中、目光直视对方的顾客，往往性格刚毅、思维缜密

这类顾客擅长推理，而且责任感强，所以经常主动为他人提供一些建设性的意见。

销售员与这样的顾客打交道，最好不要玩花招，耍手段，因为一旦被对方识破，生意基本上就没戏了。

3. 握手力度轻、时间短的顾客、往往态度冷淡，不够热情

如果遇到拇指向下弯曲，又不把其余四指伸直的顾客，说明他不太愿意让别人握自己的手，或者说借此表示一种蔑视的态度。

与这种态度的顾客相处，销售员要善于运用非语言的肢体动作或面部表情来压制对方，让他感受到你的力量。

4. 用双手握住销售员的手，并左右轻轻晃动，是热情的表现

这类顾客的热情要么是天生的，要么就是购买的欲望强烈，诚意十足。不管属于哪一类型，销售员都居于主导地位，所以只要妥善处理好公司、顾客、个人利益即可，灵活性比较大。

5. 握手时，抓住销售员的手不放，说明对方感情丰富，想结交朋友

不管是在介绍产品还是在提供服务方面，销售员只要给这类顾客带去实惠、方便，他们定会帮你在自己的朋友圈中推广。总之，一旦和这类顾客建立友谊，关系还是相当牢固的。

6. 握手时手心有汗，说明顾客的心理有点紧张

比如顾客可能是在采购方面的资金不足，或者对销售员的虚实还没有琢磨透。虽然此时的顾客在谈判中、心理上居于弱势，但销售员不能利用顾客的这种弱点，而是要给顾客信心，让他对合作的前景充满乐观。

顾客双手叉腰，表明他在与你暗中较量

人们双手叉腰的形象很普遍。比如影视剧中某个大户人家的管家或者保姆，对上门讨饭的乞丐屡次驱赶不见效果就会双手叉腰，以示威胁；球场上运动员对裁判的判罚不满意，上前理论也无济于事，便双手叉腰，眼睛直视对方。其实，这是一种无声的挑战，表明他人闯入自己的领地或者侵犯了自己的利益，即便嘴上不表示，姿态已经展露无遗。

推销过程中，之所以会遭到拒绝，很大程度上是因为销售员未经客户允许，私自闯入对方的领地。当然，即便你是受邀前往，但如果在谈判过程中开出的条件不能让对方满意，对方也会采用这种姿态以示对自己利益的捍卫。顾客双手叉腰的姿态是为了占据更大的空间，向外突出的手肘就像长矛一样，既有威慑之意，也代表着随时向对方发动攻击。

总的来说，面对贸然来访的销售员，客户心中的戒备以及表现出来的姿态都是很正常的，关键是销售员该如何及时、有效地消除他们心中的这种戒备，并建立信任感。另外，在谈判过程中，顾客表现出的这种姿态，其实也是信息的一种传达形式，即便表面对自己不利，但如果销售员反应及时，也不失为一种转机。

保险业务员黄亿芳从一个客户口中得知一个姓卢的老板经济实力很强，

而且有购买保险的意愿，便在未预约的情况下登门拜访。进门后她主动自我介绍："卢先生，您好，我是……"

"抱歉，我现在不需要保险……"卢先生双手叉腰，脚踝相扣，而且双腿明显因为情绪激动而不时抖动。看到客户这样的举止，黄亿芳也猜到了估计是平时上门推销保险的人太多，客户很反感，甚至有点愤怒。接着，黄亿芳向卢先生表明态度，说她不是来推销保险的，只是免费为他咨询一些有关保险的政策和新规等。就这样，黄亿芳得以进入客户的家里，并变相地打听了一些顾客的需求，最终也顺利要到了对方的联系方式。

几天后，黄亿芳提前电话预约了卢先生，再次与他碰面。这次到客户家里，对方的表现明显自然了许多。通过两次拜访，黄亿芳也领悟到了，顾客并非没有保险方面的需求，只是推销保险的人太多了，所以对第一次见面的推销员有戒备心。随着黄亿芳了解的深入，她明确了客户的需求，她开始向卢先生推荐自己公司的保险产品，虽然刚开始切入的比较缓慢，但最终这个单子成交了。

其实，顾客用双手叉腰无非是对他人的冒犯感到不满，或者向对方表示自己的勇敢无畏、不妥协，并不能代表顾客不需要你提供的产品或服务。推销员遇到顾客这样的姿势，并附带着瞳孔扩张，一只脚向前跨一步，并用脚尖指向你，就说明对方不太欢迎你，所以暂时不要再就你的话题往下进行，而需要转移话题或者采取其他措施。

双手叉腰的姿势看似强势，实则很容易流露出动作发出者的内心。看过美国西部牛仔电影的人应该对其中打斗时的牛仔形象记忆犹新。在辽阔的大草原上，为了恐吓对方，牛仔们摆出了双手叉腰、拇指塞进皮带的姿势，这一般表明双方在暗自打量对方，准备进入决斗状态。

考虑到双方站立的位置存在较大的差异，而且他们下半身的表现不同，有理由认定在摊牌过程中，他们会掂量对方的分量，而不太可能发生面对面的冲突。有时候，双手叉腰且双腿放松，自然踩在地板上，反而是一种比较友好的象征。

与牛仔类似，顾客双手叉腰的状态可能也会随着时间、场地的不同而表现出不同的寓意，所以销售员要结合具体情境，结合顾客其他肢体动作表现出来的寓意进行综合分析，才可以对眼前顾客的态度做出全面而精准的判断。

1. 双手叉腰，外衣扣子松开，衣服下摆到臀部

这是一种明显的挑衅行为，暴露在外的胸脯是向对方表示自己毫不畏惧的心态。

2. 双手叉腰，两脚均匀分开，挺拔地站立，而且双手握成拳头

这类动作传达出的攻击性更浓。

3. 双手叉腰，衣服紧扣

这类动作可能暗示对方在与你争论的过程中产生了某种挫败感。

4. 一只手叉腰，另一只手摆出其他姿势

这种姿势有种显摆的意味，通常习惯性地以自我为中心，目的是引起他人的注意或者给对方留下深刻的印象。

顾客用手摸鼻子就是在撒谎吗

澳大利亚作家阿兰·皮斯曾经从生理学的角度对人说谎时喜欢摸鼻子这一现象做过分析。他认为，人说谎时，体内会分泌出一种“儿茶酚胺”的化学物质，会让鼻腔内部组织膨胀，进而导致血压升高。因为鼻腔内膨胀，鼻子部位的神经末梢受到刺激开始发痒，于是人们便不由自主地想去用手触摸鼻子。

事实上，人们向来都会把手摸鼻子的动作视为说谎的征兆。比如，美国前总统比尔·克林顿与莫妮卡·莱温斯基的丑闻曝光后，在接受审查、做陈述时，他一共摸了26次鼻子。后来他也承认，自己在接受质询时，向包括妻子在内的全国大众撒谎了。

高元是一家电力设备配件公司的销售人员，一次，他去拜访一家电力设备生产厂的采购员李晓波。

高元：“你是准备搬家吗？”

李晓波：“还没钱装修呢，怎么会搬家？”

高元：“没钱？”

李晓波不自觉地低下头，左手倒茶，右手摸着鼻子说：“最近厂里的资金都押到原材料采购上去了，所以资金紧张。上半年的年终奖还没发。”

高元：“你这间房子采光不好，还是赶紧搬了吧。如果钱不够的话，我周转你一点。”

李晓波：“这怎么好意思呢！来，喝茶。你们产品的事，等下礼拜厂长回来后，我跟他沟通一下。”

这个案例中，李晓波摸鼻子说话的动作明显就是撒谎的象征，目的也很明确。高元不愧是老江湖，应对得很巧妙，也深得李晓波的心。

其实，撒谎只是摸鼻子的一种可能原因，而摸鼻子的其他原因包括：想把嘴巴遮盖起来，防止对方通过表情变化看穿自己的心思；有人想说却不敢说的时候，也有用手摸鼻子的倾向。因此，摸鼻子并不一定是隐藏谎言的表现，有秘密的时候也会出现摸鼻子的倾向。

当然，有些人在思考的时候，也会用手摸鼻子，也不排除摸鼻子与本人的体质或癖好有关。既然如此，作为销售人员，该如何准确判断顾客摸鼻子的言外之意呢？具体做法就是把顾客摸鼻子的动作放到具体语境中，再配合对方一连串的肢体动作，方能更准确地揣摩顾客摸鼻子的真实心理。

1. 表示思考

有的顾客思维活跃，肢体动作也很丰富，说话时，他们可能滔滔不绝，但逻辑性不强。讲到一定程度，他们会停下来，抬抬头，眼睛向上翻，同时用手摸摸鼻子，这表明他们正在思考。

销售员如果遇到顾客的这类肢体动作，一定要善于聆听和响应他们的话，比如问一下“还有什么要说的吗”或者“还有什么要求”。这类顾客往往性情直率，爱憎分明，所以只要配合到位了，成交就很容易。

2. 表示撒谎

了解顾客需求是每一个销售员必做的基本工作之一，但是在涉及采购程序复杂或者竞争激烈的销售时，有些顾客为减少麻烦或者为满足私利，往往会采取撒谎的策略。他们的表情或许很诚恳，语言或许很真切，但往往一个小动作就会出卖他们。比如顾客突然低头，眉毛低垂，并用手摸一下鼻子，然后抬头说了一句貌似合理，实则是提出一种弹性的条件时，那么对方八成是在说谎。

销售员如果可以确定顾客是在说谎，可以采用以下两种方法来应对，以促成交易。

（1）心照不宣

如果销售员明知顾客是在撒谎，但考虑到其要求也不算过分，就可以根据具体情况用暗示性语言进行回应。比如：

“我知道你有难处，这样，只要你尽力了，我们公司一定不会忘记你的辛苦。你的出差费、电话费都由我们报销。”

（2）巧妙拆谎言，顺势成交

顾客：“你们卖得太贵了，刚才我在一个品牌折扣店里看到一条比你这还好的裤子才120元。”

销售员：“哦，是哪个牌子，什么面料做的，能告诉我吗？看你如此有诚意，我就按照对方的价格卖给你一条！给钱吧！”

销售员明知顾客撒谎，但谎言的目的很清楚，此时即便利润薄一点，也不妨成交了。

3. 鼻子发痒

鼻子是人体汗腺比较发达的区域，每年春天和夏天都比较容易发痒。这种情况下，顾客有的轻挠几下，有的比较含蓄，只是轻轻蹭一下，一般动作会在很短的时间内重复。如果因为这个原因，销售员就不要过于敏感了，该怎样推进就怎样推进就是了。

4. 迷恋自己的体味

不排除有些顾客比较迷恋自己的体味，他们会将手指从身体的某个部位划过，然后放在鼻子上，轻轻向下滑动。有些顾客还会不经意地翘着上唇，让鼻子闻到自己的体味。

当顾客做出这种动作时，说明他的注意力已经分散了，销售员必须想办法把顾客的注意力给拉回来，比如向对方提问。

顾客用手按膝盖表示有意离开

李潇是一位销售员，章总是他的一个客户，因为俩人认识很久了，所以关系也算比较密切。一次，李潇因为公司推出了新产品，便打算带几个样品到章总公司，让对方看看。当天，按照约定的时间，李潇准时出发，谁知到半路上才发现资料里面少了一个很重要的文件。尽管离章总公司还有不到10分钟的路程，但李潇觉得和章总关系不错，迟到一会儿也没有关系，就决定返回去取了。

然而，就在李潇到达章总办公室前五分钟，章总接到学校老师打来的电话，说他的孩子在操场踢球的时候，腿摔伤了，正在医院。章总的老婆正在出差，所以只能他去照看。不过，为了不让李潇白来，章总决定简单看一下他带来的材料。刚看没一会儿，章总就发现了一些他很感兴趣的新设计，他知道这些不是一时半会儿能解释清楚的。一想到要把这些资料弄明白还要花费较多的时间，章总心里就有点着急了，不由自主地一只手摁在膝盖上，而且一只脚在前，一只脚在后，有点像起跑的姿势。

李潇本打算给章总详细介绍一下，一看到对方用手按膝的动作，也猜测出了他可能有着急的事情要处理。另外，看桌上收拾好的手提包以及章总穿在身上的外套，李潇更加坚定了着急的猜测。接着，李潇微笑着说道："章总，今天实在不好意思，让你多等了我将近40分钟。这样，我看你好像有什么事情要办，要不你先办事，这些样品的资料先留你这里，你回头再看，有什么不明白的我再给你讲解，怎么样？”

章总听李潇这样讲，便把事情给对方大概说了一下。李潇听后，赶紧道歉。章总也放下资料，站了起来说道：“谢谢你的理解，今天让你白跑了一趟，改天请你吃饭。”

与人交谈时，很多人往往会有意识地控制面部表情以及语言的措辞，但经常也会忽略手、脚、腿等部位的动作。所以，即便顾客面部表情撒谎了、语言欺骗了，手脚等动作也会出卖自己。销售员在与顾客交谈时，如果发现对方有这样的动作，就说明对方可能是对你说的不感兴趣，或者是有别的事情，想离开。

上个案例中，销售员就是看到顾客用手摁住膝盖的动作，并通过这一动作解读出了顾客的心理状态，进而及时中断谈判。这样做，既照顾了顾客着急的心情，也可以送顾客一个人情，让顾客对你有一个更好的印象。假如销售员没有揣摩出顾客的心情，或者说即便看出来了，但急于求成，想赶紧再多说两句，那么这笔生意八成会黄。

英国心理学家莫里斯曾经做过一个研究，表明人体中越远离大脑的部位，其可信程度也越高。这也就意味着，人的腿和膝盖做出的动作，比面部表情更可信，也更能反映人的真实心理。其实，如果仔细观察一个人的膝盖，可以发现很多意想不到的秘密。

1. 十指交叉放在膝盖上表明顾客感到无聊

在和顾客交谈时，如果对方先后将头和身体转开，并将十指交叉放在膝盖上，说明顾客感觉很无聊。此时，销售员最好中止有关业务方面的谈话，尝试着换个能够拉近感情的话题。

2. 双手摁膝盖表明顾客想离开

有关双手摁膝的动作，上文已经有过较为详细的说明，而且这类动作的寓意很明确，表示对方想结束谈话，或者离开。作为销售员，此时最聪明的做法就是中止谈话，并了解顾客的真实处境，必要时，送对方一个顺水人情。有时候，以退为进比强行推进更有力。

3. 双手交叉放在膝盖上表明顾客持观望态度

一般情况下，与顾客洽谈，如果对方还没有做出最后决策，往往会把双手交叉放在膝盖上。这是一种代表中立的姿势，也可以理解为顾客正在采取一种观望的态度。遇到顾客的这类动作，要集中注意力，把握重点，说到顾客的心窝里，直到顾客同意签单。

头部动作折射的内心秘密

如果说人的头是一个军事堡垒的话，那么人的眼睛、耳朵、舌头、鼻子就像堡垒身上可以看到外面的洞，会把外界的信息输送到居于中心位置的大脑。大脑会根据所收集信息的好坏，有针对性地做出反应，并通过头部动作呈现。所以，头部动作从根本上讲，也反映了一个人内心的秘密。对销售人员而言，理解顾客的头部语言，准确翻译顾客的心灵密码，业绩会有质的飞跃。

1. 点头

有一首名为《礼貌问候语》的中英文儿歌里有这样一句话："来是come去是go，点头yes摇头no。"虽然是教小朋友学英语的，但里面的肢体动作确实是大众化的。肢体动作一致，动作背后的意思却未必相同，以点头为例，它可能确实代表"yes"，表示"同意"或者"理解"，但还有别的意思，比如听话者对讲话者的一种回应。

实际的销售案例中，销售员也会遇到很多素养很高的顾客用点头的动作来回应自己的讲话，本以为工作进展得很顺利，结果成交的时候才发现自己的判断是错误的。那么，销售员该如何判断顾客点头的实际意思呢？

（1）观察

有些顾客见多识广，控制力很强，面部表情不明显，所以让人很难捉摸。

他们点头的意思一般都是“我在听，你继续讲”。为了确定自己的这种判断是否准确，可以观察他们的眼神是否游离，或者看他们点头的频率以确定是否在敷衍。如果对方确实在听，并暗示继续讲，销售员照做就是了；如果顾客目光游离，或者感觉敷衍，销售员就要礼貌暂停，或转移话题，或改变策略。

（2）试探

如果销售员实在无法判断出顾客点头动作是表示“同意”还是说只是一种礼貌，可以用最简单、最直接的提问办法来试探顾客的意思。

比如：“梁总，我刚才说的，你同意吗？”

有的顾客很豪爽地回答：“我同意。”但也有的会比较含蓄，说：“我理解你的意思。”此时，顾客可能只是礼貌性地表示不太赞同。销售员不妨继续说：“我可以这样理解吗？你明白我的意思，但还不太赞同我的观点，是吗？要不你说一下你的观点，我很有兴趣听听。”这样，就相当于你把球踢给了对方，看他准备从哪个方向进攻。即便对方的观点对你很不利，也总比盲目地“猜心”强。

当然，有些顾客是老江湖，说得更巧妙，比如挥挥手说：“没关系，你接着讲，我再听听。”应对这样的顾客，一般有两个方法：抱着“死马当活马医”的心态，坦率地和对方交流，并坚守自己的底线；迂回转移话题，并巧妙结束，等将来准备充分了或时机成熟了再谈。

2. 低头

顾客低头的意思很丰富，但一般情况下可以分为两种：思考；防止被销售员看透心思。表示思考的低头动作多发生在顾客决定是否购买的关键时期，此时，往往也会伴随着一些小动作。比如，男性顾客会抽烟，且身体随着抽烟动作略有变化，眉头微皱；女性顾客一般会搓手或弹自己的脚。表示“怕被看透心思”的低头动作一般发生在讨价还价的阶段，此时正在讨论相关细节，顾客不想让销售员看到自己的眼睛而特意回避。

3. 抬头

抬头动作一般是和低头动作相伴发生的，要明确抬头的意思，就必须从一些小动作入手。比如顾客正在抽烟，突然抬头将烟头掐灭，说明对方还不想成交。如果顾客是为了防止销售员看穿他们的心思而低头，就要注意观察对方是在什么条件下抬头的。顾客此时抬头，说明你说的内容刺激或吸引到了对方。

4. 后仰头

不管是在商场里和顾客讨价，还是在办公室里与客户面谈，都是一个非常考验脑力和体力的事情。特别是在办公室，大家都保持端正的坐姿，面谈的时间稍微一长，都会觉得疲倦，客户自然也不例外。此时，有的客户可能为了舒展一下四肢，就会仰头放松一下。不过，销售员可不能放松，越是在这个时候，越要保持警惕。因为当人的体能处于低谷时，防御性也会降低，所以此时提出交易请求，说不定会有奇效。当然，任何事情都有例外，如果双方谈判的项目涉及面很广，交易额也很大，贸然提出要求只会给客户带来较大的刺激，效果反而不好。如果真的是这样，销售员最好暂时告别，或者用一些其他相对轻松的话题缓解一下气氛。

顾客频点头，信号很微妙

点头是人们日常生活中很常见的现象，一般表示“同意”或“关心”等。那么这是否意味着在和别人沟通交流时，只要看到对方点头的举动，就可以放松警惕或表示欣慰呢？经验告诉我们，不行。和潜意识的行为不同，顾客点头的举动是可以被理智的意识操控的，所以顾客频繁点头至少有两方面含义：第一，表示“同意”等正面心情；第二，表示“无聊”“不关心”等负面情绪。

李虹刚毕业，在一家寿险公司上班，周四约好了一个客户到对方公司面谈。这位客户是他们公司的行政总监，年龄在40岁上下。进到这位客户的办公室后，对方很热情地招待，而李虹也详细地把自己公司的相关情况做了一番介绍，客户听得也很认真。接下来，还没等客户发问，李虹又把自己准备好的有关个人寿险方面的资料拿出来，给这位客户推荐了几个符合他身份的保险项目。虽然看出来客户脸色有点为难，但李虹依然拿出自己“初生牛犊不怕虎”的魄力，很强势地为对方做介绍。接下来的业务进展地貌似很顺利，因为客户只是专心地听，而且不停地点头。李虹本以为等自己讲完了，拿下这单没问题，可让她没想到的是，刚才一直在点头的客户此时却说了一句很让她心寒的话：“抱歉，我暂时不需要，要不今天先到这里，我一会儿还有个很重要的会议。”

刚才还神采飞扬的李虹，出门时就像一个泄了气的皮球。后来，李虹也是在无意中获悉，这个客户和自己的公司合作了，但并非个人寿险项目，而是为公司员工办理的集体保险。

在这个案例中，李虹对顾客点头的行为进行了误判式处理。刚开始，顾客面露难色，说明他有话想说，有经验的推销员应该让顾客有充分的空间表达自己的意见和观点。后面顾客频繁点头，说明对方已经有点不耐烦了，有经验的推销员也应该适时停止，以减少顾客的反感。结果，李虹在这两方面都没有处理好。或者说，她根本没有明白顾客频繁点头的具体含义。那么，在具体情况下，应该怎样分辨顾客点头的具体含义呢？

其实，分辨顾客点头含义的关键点在于点头的时机。比如，销售员说完一句话的间隙或者主动征求顾客意见时，对方点头说明他确实同意销售员的话。这是顾客对销售员的话感兴趣的证据，也说明顾客在认真听。相反，当销售员的话还没说完，或者只是说了一个很平淡的观点或看法时，对方就频繁点头，则很有可能说明顾客对销售员的话没兴趣，或者感到厌烦。顾客表面在点头，其实可能会在心里说："赶紧说完吧！"顾客此时是想通过点头的方式暗示或者催促销售员赶紧把话说完，以便快点度过这段无聊的时光。交谈中如果遇到这样的顾客，销售员一定要谨慎处理，不能装作睁眼瞎，盲目推进自己的业务。

“脚语”有时比顾客的“手语”更值得信任

上文提到，英国心理学家莫里经过研究发现了一个非常有趣的现象：人体中，离大脑越远的部位，肢体动作透露出的信息越真实，越准确。因为离大脑越近的部位，受到大脑有意识控制会越明显，比如脸部动作，人可以即兴表演出包括喜、怒、哀、乐等多种特征。手处在中间部位，人们或多或少会通过手来撒谎。脚离大脑最远，所以被大脑控制的程度最低。所以，“脚语”有时候更接近顾客的潜意识，所流露的信息也更客观，更值得信任。

当人们用不同的词来描述顾客的脚部动作时，其实也是在描述他们的情绪或心态，比如轻、重、缓、急、稳等，反映了顾客轻松、稳定、忧虑、焦急等不同特征。销售员在与顾客接触时，多关注其脚部动作，会发现许多有趣的心理变化。

1. 脚尖踮起

面谈时，如果顾客坐在椅子上，上身前倾，脚尖踮起，说明对方合作的意愿很强烈。此时，销售员只要和对方积极磋商，成交会很顺利。

2. 双腿交叉跷起

顾客双腿交叉跷起，身体呈挺直的姿势端坐，是在表达一种无声的抗拒。

此时，销售员应该放低姿态，并结合一些技巧、手段，把顾客的心拉回来。比如使用表示亲切的称呼，拉近距离。如果在正式场合，就用一般的张总、刘总等称呼；非正式场合，就用大哥、老弟、大姐等称呼。另外，也可以通过实际行动拉近关系，比如亲自给顾客泡茶、倒茶等。

3. 双足交叉

双足交叉是一种防御性的姿势，销售员不妨参考顾客双腿交叉跷起的应对技巧。另外，如果销售员面对的是一对夫妇，可以通过观察这一动作，判断谁是管事的。一般，当家的才会做出这一动作，或者最先做出这一动作。

4. 双脚不停抖动或用脚敲打地面

一般，当顾客在反复衡量，对是否购买难以做出决定，或者为难以说服销售员而感到焦虑时，会用双脚抖动或敲打地面的方式，表现自己的紧张。另外，如果你喋喋不休，顾客却很想结束面谈，只是不好直接拒绝，也会通过这种方式表达。对此，销售员需要尽快提出要求，要么成交，要么下次再谈，总之不能激化顾客的矛盾。

5. 张开双腿

如果顾客双腿张开，稳坐在椅子上，说明他此时很自信。顾客听得很认真，但态度很谨慎。面对此类顾客，销售员不能畏缩，相信产品，相信公司，也相信自己。另外，在态度上，既要彬彬有礼，又要不卑不亢。说话时，用语精准、直接，条理清楚，让对方感受到你的专业。如果再加点幽默感，对方或许会更容易接受。

6. 把脚放在桌子上

在销售员面前把脚放到桌子上是一种非常傲慢的体现，但销售员不要因此而退缩。面对这样的顾客，具体应对策略有两种：以柔克刚，即根据实际情形，以礼相待，比如向顾客敬茶，让对方自己感觉到难为情；硬碰硬，即销售员在向对方介绍产品时，除了遵守必要的礼节之外，还要表现出足够的勇气，沉着冷静地应对，必要的时候，可以用同理心给对方提出要求，从而让顾客对你刮目相看。

CHAPTER FIVE

第五章

察言观色，顾客的面部表情是内心写照

顾客的面部表情是个相对复杂的系统，它既可以坦率得让你瞠目结舌，也可以狡猾得让你看不出任何破绽。不过，这并非意味着顾客的面部表情没有可以借鉴的规律。事实上，顾客很多试图通过面部表情掩饰的行为，恰恰泄露了他的心机，比如内心敷衍、外表客气的微笑等。有时候，仅通过面部表情不能确定的顾客心理，销售员在观察的同时，可以和其他肢体行为相互配合着分析，结果会更准确。

读懂顾客的几种笑语

笑是人类共有的表情，也是人与人之间沟通最美的语言。即便两个人语言不通，素不相识，互相报以微笑，也能让对方收到你的善意，没有翻译也可以友好往来。当然，笑有多种形式，每一种形式都有一定的内涵，不能一概而论。销售员在和顾客交往的过程中要学会观察顾客脸上的笑，看笑意背后透露的是苦涩还是甜蜜，是真情还是做作。只有了解了这些，销售员的工作才可以有效展开。那么在实战中，销售员该如何抓住顾客瞬间的笑，把握其背后的含义呢？

1. 顾客笑的类型

顾客的笑大致有以下几种类型：

（1）含笑

含笑是一种非常轻微的笑，不露齿、不出声，仅面露笑意，意在向对方表达一种友善。这类顾客性情温和，对待销售员很有礼貌，即便不喜欢销售员的产品，也不会过分展现在脸上，更不会做出怒视对方的表情。

（2）微笑

微笑比含笑程度稍深，面部特征为：唇端向上移动，唇部略呈弧形，牙齿不外露。人们常说微笑就像冬日的阳光，会给人带来充满善意的温暖。当顾客向销售员展露微笑时，是一个非常好的征兆。这至少可以说明这位顾客是友好的，容易接近的。顾客的这类微笑有时候发自本能或源于性格，和对方对你的产品是否感兴趣没有必然的联系，所以不能一看到他人的微笑就得意忘形。当然，如果一个平日严肃的顾客突然向你微笑，那就说明成功率很高，要适时把握好机会。

（3）轻笑

轻笑比微笑程度深，面部特征为：嘴巴微张，上齿显露，不发声。这类笑多用于和朋友、熟人打招呼，表示愉快。顾客用这种笑对待销售员，说明他们对产品感兴趣，在心理上不排斥甚至很乐意听销售员讲解。

（4）大笑

大笑属于比较夸张的笑，面部轮廓明显：嘴巴呈弧形大张，上齿和下齿都露在外面，口中发出“哈哈”的声音。这种笑多见于心情很愉快、轻松，或者恰逢非常开心的时刻。顾客大笑说明对方很尽兴，也很满意，他在通过大笑来释放自己内心的真挚感情。

（5）狂笑

狂笑就是毫无顾忌地开怀大笑，面部轮廓和大笑相似，但肢体动作比大笑要明显。虽然顾客很少在销售人员面前表现出这种笑，一旦有这样的顾客，说明其非常感性，要多和对方拉感情。当然，也有例外，比如有些对销售员不满的顾客会通过这种方式表达自己的不屑。

（6）苦笑

苦笑也是一种常见的表情，通常表现一种无奈和痛苦。与顾客交谈，如果给出的条件让他们很为难，一时无法做出决定，他们就会表现出苦笑的样子。此时，销售员要注意分析顾客的表情，不能再提苛刻的条件，而要把重心放在顾客身上，真诚地为他们提供建议或方案，来化解矛盾。

（7）掩嘴笑

这种笑一般发生在他人犯了错误或做出怪异的举动时，人们掩嘴偷笑。当然，这样的笑并没有什么恶意。销售过程中，销售员难免会在言语或行为方面表现出肤浅或幼稚的一面，所以偶尔也会引发顾客掩嘴笑。此时，作为销售员不要感到尴尬，因为这种顾客往往思维敏捷、富有涵养。只要销售员稍微附带幽默进行一番自嘲，顾客就会觉得你可爱、谦虚，并不会在彼此间产生距离感。

（8）皮笑肉不笑

所谓皮笑肉不笑，就是很勉强地似笑非笑，这种笑一般发生在较为严肃的顾客身上。销售过程中，顾客脸上露出这种笑，多表示对方对你说的话不以为然，或者对你承诺的事不信任。遇到这种情况，销售人员不要慌，也不要喋喋不休地辩解，而是要转变话题，或者拿出一些有分量的证据证明你是对的，你的产品质量是可靠的，以此来彻底打消顾客的疑惑。

（9）恍然大悟地笑

销售过程中，顾客的这种微笑是出现转机的一个非常明显的信号。因为这意味着，刚才还和你就某个问题争论不休的顾客，突然明白自己是错的，此时感到羞怯或不好意思。面对这种转机，销售员要展开攻势，促进交易。

2. 顾客笑声的画外音

顾客的笑声主要有以下几种画外音：

（1）柔和的笑声

如果顾客的笑声比较柔和，说明销售人员赢得了顾客的好感，产品也引起了顾客的兴趣。此时，销售员唯一要做的就是有重点地将销售工作按序推进，交易应该会很快达成。

（2）爽朗的笑声

此类顾客性情坦诚，办事豪爽，从不拖泥带水。沟通过程中，顾客如果因为销售员的某句话而发出爽朗的笑声，说明他心情很好，最近各方面都比较顺利。此时不妨向对方提一些要求，只要不离谱，对方一般都会接受。

（3）干涩的笑声

有时候，销售员的某些观点比较有趣，或者言语比较幽默，但刺痛了顾客的心就会引来他们干涩的笑声。比如有个面容憔悴的中年顾客到店里打算买条电热毯，销售员说：“在冬天，裹个电热毯比抱着老婆还温暖。”不料，这位中年顾客刚刚失去爱人，而且他们之前的感情很好，最后这位顾客干涩地笑了一声，一句话没说就离开了。

总之，销售员在推销的过程中，一定要察言观色，针对不同的顾客采用不同的术语，千万不能一根筋地想用一种话术对付所有的顾客。看见面容欢快的顾客，多赞美；看见满脸愁容的顾客，多关心。谁在这一方面做到位了，订单就是谁的。

顾客瞳孔放大说出的“不”是言不由衷

为了了解瞳孔放大缩小与人心理的关系，美国心理学家爱德瓦斯·海丝曾经做过一个实验。他选择了男女两组被测试者，分别给他们放映内容包括婴儿、怀抱婴儿的母亲、男性裸体照、女性裸体照和风景画在内的五张幻灯片，并对被测试者的瞳孔进行摄影记录。结果显示，看异性裸体照时人们的瞳孔放大了20%，比看其他照片时的瞳孔张开度都大。

实验表明，虽然瞳孔放大、缩小只是一个微小的动作，但能通过这个观察判断出一个人的内心活动及其变化轨迹。因为感觉神经受到刺激后，瞳孔会不由自主地迅速放大，这在心理学上被称为心理感觉反射。我们也可以据此得出如下结论：人的瞳孔放大、缩小不仅仅受到光线强弱的影响，还会受到心情等心理方面的影响。

方爱玲是一家IT公司的销售主管，最近正在和一家电脑组装生产商就一项业务展开谈判。对手很强势，并且一再要求方爱玲把整体价格降低5%，还说如果不降价就中断合作，再找别的公司。

对方这样说确实震慑到了方爱玲。现在的问题是：公司出的价格已经很低，再降价公司就会没有利润，甚至有损失；如果不讲价，或许对方真的会像说的那样，中断合作。正当方爱玲犹豫不决的时候，和她一起参加这次会议的销售副总却站起来板着脸说："降价是不可能了，现在的情况就是，你们签了，咱们合作，你们不签，就拉倒。"说完，头也不回地摔门而出。

因为事先没有沟通，方爱玲也不知道副总会有这么一出，本想阻止一下，结果话还没来得及说，副总就已经说完出去了。正在她思量该如何圆场的时候，谈判对手却已经默默地在合同上签了字。

因为这一个项目，公司还特意组织了一个庆功宴。在饭桌上，方爱玲特意拿着酒杯走到那位副总面前，恭敬地说："刘总，我真是太佩服你的胆量了。"

"做生意不能没有胆量，但光靠胆量肯定是不行的。"

方爱玲疑惑地问："如果不是胆量，那你怎么敢在谈判桌上跟对方那样说话？"

副总笑着说道："其实，对方的身体里面藏着我的'眼线'，是它告诉我对方会屈服的。你可能没发现，在向他们介绍业务时，对方听得很专注，眼睛一眨不眨，后来报价的时候，对方的瞳孔明显睁得很大。这说明什么？说明对方很感兴趣。他们之所以迟迟不愿意签合同，就是想试探一下我们的底线，看还有没有降价的机会。为了将对方的军，我就拿出耍脾气这个'撒手锏'了。"

听后，方爱玲才恍然大悟，没想到一个小小的眼神、瞳孔的细微变化，都藏有如此大的玄机。

语言可以经过人的思维提炼，而瞳孔是人内心的映射，所以遇到这类顾客，要相信自己通过观察瞳孔获得的直觉，不要被对方的言语欺骗。

瞳孔的放大和收缩可以真实地反映顾客多方面的心理活动，仔细观察，会发现顾客的很多心理。比如，如果销售员与顾客谈话时，顾客的瞳孔放大到平时的三倍，表明此人正感到兴奋、愉悦；瞳孔缩小说明此时心情郁闷，感到厌烦或疲倦；瞳孔没有明显的变化，则表明顾客对销售员所说或自己所看不关心，甚至有点无聊。

看顾客眼神，做有眼色的销售

眼睛是人类心灵的窗户，透过眼神，就像是趴在顾客的“窗户”上，向里张望心灵的格局。作为销售员，需要学会察言观色，从顾客的眼神里看出他心理的真实迹象，并随机应变，化解顾客之怀疑或抵制于初始阶段。

在销售的过程中，销售员会遇到各种各样的顾客，有反对的，有支持的，有表示理解的，有表示无奈的。顾客的每一种态度都以一种相对应的眼神流露出来，甚至可以这样讲，眼神就是顾客态度最真实的体现。一般，在销售过程中，顾客的眼神有以下几种：

1. 友好型

这类顾客往往善良、真诚，对销售员很少有戒心。他们在接待销售员时，嘴角自然，眉眼含笑，以此来表现对人的好感、热情。遇到这类顾客，销售员即便做不成生意，也会带着愉悦的心情离开。销售员不要觉得遇到不买账的友好型顾客就是浪费时间，事实上，你从他们那里获得的温暖就是你接下来面对拒绝时，仍可以持续前进的动力。

2. 怀疑型

这类顾客要么是被销售员骗过，要么是从销售员那里买过什么不如意的产品，总之，他们看待销售员的眼神里总会流露出不信任。遇到这类顾客，销售员需要谨慎处理。如果没有足够可信的信息说服他们，顾客的眉头就会微皱，瞳孔变小，迟疑的神情更加浓重。面对此类顾客，销售员先想办法维护感情，不要总说自己产品的好处，可以与其他同行对比，分析产品的利弊。等和顾客之间建立了某种信任感之后，再重点强调产品的优势，以及与其他同类产品的不同。

3．好奇型

有些销售员推销的是高科技产品，或者本身的形状新奇、功能特异，自然会招揽顾客驻足观看、倾听。此时，如果顾客的瞳孔放大、眼皮抬高，紧盯着销售员或产品，这就说明对方很感兴趣。销售员只要抓住顾客的这一眼神特征，并对其有效引导，对方购买产品的概率就会非常大。

4．沉静型

这类顾客的眼皮不动，瞳孔总会保持一种自然的态势，冷静地看着销售员，好像销售员说什么都无法吸引他们的兴趣。这类顾客见多识广，也有自己的主见，所以表现得很沉着。对待这类顾客，销售员尽量不要用华丽的辞藻对产品无所顾忌地渲染，因为这很容易降低销售员及产品在顾客心目中的形象。所以，真诚的服务态度以及优秀的产品质量才是打动他们最实际的策略。

眼神可以传递出的信息远不止于此，销售员需要凭借自己敏锐的心以及锐利的眼，精确总结、捕捉顾客的各种眼神。捕捉眼神不是目的，看透顾客的心灵也不是目的，结合顾客的眼神做出有眼色且有利于成交的行为才是根本。

顾客“眉语”不同，心情亦不同

古人把眉毛称为“七情之虹”，现实生活中，人们也经常用“眉飞色舞”“喜上眉梢”这样的成语来形容一个人的心情。可见，眉毛在反映人的情绪变化，以及通过它的各种不同变化来揣摩人的心理方面，确实是一个很好的帮手。要想知道“眉语”，就要先了解眉的形态，即眉毛舒展和伸缩的变化。销售员可以根据眉毛的这些变化来揣摩顾客内心的变化。

蔡女士想买一辆电动车，结果转了一上午也没有选到合适的，因为所看的要么价格偏高，要么款式不行。大热的天，她转得也很累，眼看马上到中午了，心情越发烦躁。这时，她不知不觉间从一个电动车专卖店经过，习惯性地往里面看了一眼，结果就有一个小姑娘热心地迎了上来，问她是否想买电动车。蔡女士不耐烦地点了点头，并没有打算进去看的意思。这个小姑娘眼睛很尖，看到蔡女士眉头紧锁，而且脸上还有汗珠，猜出她肯定已经选了好几家店了。想到这里，小姑娘说道：“大姐，你看这大热的天，我看你也很累了，不如到我们店里坐一会儿，顺便喝点水解解渴。”

蔡女士本以为这位姑娘上来就要介绍电动车，没想到对方竟然热情地请她到店里喝水，心情烦躁指数立马下降了很多，就同意了。和蔡女士闲聊了一会儿，这位小姑娘知道原来蔡女士是想在老公生日的时候，送他一辆电动车，结果选了一上午也没有满意的。另外，小姑娘也从蔡女士那里知道了她老公喜欢的颜色、她理想中的款式，以及可以接受的价位。最后，看蔡女士歇得差不多了，小姑娘把蔡女士带到一款电动车的旁边，向对方做了一个详细的介绍。刚开始，蔡女士脸上并没有特别的表情，随着了解的深入，她的眉毛上扬，不过很快又皱起了眉头，问道："你们这款电动车的价格确实不算贵，但你刚才说的那么好，是不是性能方面有什么欠缺呀？"小姑娘通过刚才观察蔡女士眉毛的变化，知道她对这款车还是蛮中意的，现在只是对价格有所怀疑，便赶紧把介绍的重心放在阐述价格方面。最后，蔡女士兴高采烈地从这位小姑娘手中把那款电动车给买了。

可见，会看"眉语"，就能看懂对方的心情，巧妙利用，就可以转化为商机。具体说来，"眉语"有四种形态。

1. 扬眉

顾客一般在非常欣喜或者惊讶的时候，才会做出扬眉的动作，具体表现就是两眉向外分开，造成眉间皮肤自然伸展。此时的顾客会有种"踏破铁鞋无觅处"的欣喜，也有种对销售人员所展示产品的渴望。

如果顾客的眉毛是一条上扬，一条降低，即所谓的单眉扬起时，所传达的信息表示对方处于怀疑状态，扬起的眉毛其实就是一个问号。所以，此时的销售员要注意，看看自己是否在某些地方没讲到位，并及时和顾客沟通。

2. 皱眉

皱眉一般分为两种情况：侵略性和防护性。

侵略性皱眉的出发点其实是为了防止他人打扰自己的生活，故而在眉毛上采取"先下手为强"的策略。如果顾客皱眉的时候伴随着低头、侧脸，而且脸绷得很紧，说明对方非常厌恶、反感。销售员要仔细观察顾客的眉态，看对方是否有这方面的趋势或者是否已经在表现这样的态度，并根据现场情况采取应对措施。

防护性皱眉一般只是人的条件反射，和心情本身没有太大的关系。比如面临外界攻击或者沙尘扬起、阳光照射等，人们会自然地皱眉。此时人们习惯性地用手挡住外部攻击，以保护眼睛。销售时，很少发生类似的皱眉，即便有，也不要因此而多加猜测，影响了说服顾客的信心。

3. 闪眉

所谓闪眉就是眉毛先上扬，然后快速下降，整个过程短暂。闪眉是一种友善的表达方式，期间经常伴随着微笑和仰头。与顾客交谈时，如果对方有闪眉的动作，表示他喜欢你或者对你的产品很感兴趣。

如果对方是一个老顾客，见面后还会通过“连闪”的动作向你问好。闪一次表示“你好”，连续闪动表示“你好！你好！你好”，前者可以理解为“见到你很高兴”，后者可以理解为“见到你，真是太高兴了”。遇到这种情况，销售员最好的应对策略就是用“闪眉”回应，这会让对方觉得你很幽默，很聪明。

闪眉除了表示欢迎之外，还有加强语气的作用。比如一个人在说话的时候，为了强调某个词，他的眉毛会自然闪动，并伴随着语调和声音高低的变化。顾客强调的肯定也是他在意的，所以销售员要注意观察顾客眉间动作，留心顾客的阐述重点，必要时，可以让对方重复一下，以表示尊重。

4. 耸眉

耸眉和闪眉的动作类似，区别在于扬起的时间更长一些。耸眉的人还经常把嘴角迅速而短暂地往下撇，脸部却没有什么变化。耸眉有时是一种不愉快的表现，有时是无可奈何的意思。销售中，顾客这样的动作多出现在产品介绍阶段，比如顾客说自己以前用过类似产品，但效果不佳。作为销售员，要努力消除顾客的这种抵触情绪，最好给他现场示范，让对方眼见为实。

眉毛的动作变化丰富，“眉语”的含义多种多样，除了以上几种“眉语”外，下面还有一些表现在顾客脸上的“眉语”。这里做一些简单汇总：

眉头紧锁，表明顾客正在犹豫，拿不定主意；

眉毛倒竖，眉角往下拉，表明顾客非常愤怒；

眉毛上下快速移动，表明顾客心情不错，赞同你的观点；

眉毛抬得很高，表明顾客不相信销售员的话，感觉你在吹牛；

眉心舒展，表明顾客很坦然；

眉毛放低到一半，表明对方在暗示，对你的介绍感到困惑。

嘴角变化泄露顾客小九九

嘴巴是人们宣泄情感、表达想法的主要通道，人与人的交流都离不开嘴巴。嘴巴除了可以用语言传递信息外，其本身丰富的动作也可以反映对方的情绪和心理，就像某些语言学家所认为的那样，每一个动作都与说话人的心理活动密切相关。所以，销售员在和顾客沟通的过程中，不仅要听对方说了什么，还要看他们的嘴部有哪些变化，以便从中发现更多的成交机会。

于丹是一家房产销售公司的业务员，曾经遭遇过一对非常挑剔的夫妇客户。经过一个礼拜的奔波，她终于为他们找到了满意的房子：室内的结构、装修以及户外的环境、交通，他们都觉得不错。看完房后，女主人嘴角后伸，眉开眼笑。于丹顿时感觉松了一口气，感觉这个单子离成功不远了。

女主人说："这个房子真是太合我的心意了，真希望现在就能拥有它。"

于丹看着这对夫妇，有点为难地说："如果你们没什么意见，只要办理好各项手续，这房子就是你们的了。不过，这栋房子比你们的预算高出3万。"

听到这里，那位女士脸上的笑容立马就消失了，上扬的嘴角也开始下垂。不过，站在一旁的男顾客倒是嘴角一扬，半微笑着看着自己的妻子。于丹凭借多年的经验，感觉男顾客的笑是强装出来的，因为人在假笑时，嘴角会生硬地向额骨处上扬，牙齿露一部分，同时眼部周围的肌肉会有明显的抽动。显然，这对夫妇对于那额外多出来的3万有异议。

觉察到这一切后，于丹机灵地转移了话题，说道："这座城市的环境非常好，很适合养老，我想你们也是经过慎重考虑后才决定来这里的吧？"

"不瞒你说，我们就是冲着这一点来的。"女顾客讲。

"那就对了，房子你们也看了，环境很好，室内格局、装修也都很满意，我不能保证这个房子是最适合你们的，但是短时间内你们肯定找不到更好的。另外，这里的房价每年还会以1%的速度增长，所以你们现在多掏的钱，到时候也会随着房价上涨，得到弥补的。"于丹热情地开导这对夫妇。

说完后，于丹看到夫妇俩面面相觑，而且嘴巴动作明显自然、舒缓了许多，便感觉他们内心的情绪也有了微妙的变化，提议道："这样吧，你们可以先按照每个月1万的租金把这套房子租下来，等到年底的时候就可以拥有这套房子。另外，你们还可以享受每年1%的房产增值。"

听了这个建议，夫妇俩商量了一下，感觉这个办法不错。最后，没用多长时间，他们就达成了协议，双方在合同上签字。就这样，夫妇俩按照于丹的建议，先把这套公寓租下来。

于丹之所以能够把握这次机遇，关键在于她通过观察顾客的嘴角动作，掌握了顾客的心理变化。女顾客嘴角前后两次明显的变化，直观地反映了她心理的起落；男顾客虽然使用了"假动作"，但依然流露出对房价的抵抗。所以，于丹巧妙避开房价，转而介绍房子的其他优势，从而给顾客一个心理缓冲。

当然，嘴部动作绝不只是简简单单地上扬、下垂，下面是一些其他可以参考的嘴部动作：

1. 倒"U"形

当顾客内心悲伤，或者被负面情绪困扰时，一般会嘴角下垂，形成倒"U"形。

2.“O”形

当顾客感到吃惊或高兴时，嘴巴就会向四周张开，看起来像字母“O”。

3. 嘴角扁平

当顾客紧张或沮丧时，嘴部肌肉就会僵硬，双唇紧闭，呈扁平形，而且如果紧张程度越来越大，嘴唇就会逐渐变小。

4. 嘴角后拉

与顾客交谈，如果发现他的嘴角后拉，说明他正在集中注意力听你讲话，对你的言谈感兴趣。如果嘴角下拉，则说明情况相反。

5. 说话舔嘴唇

说话舔嘴唇，说明顾客正在压抑心中的紧张或兴奋。

6. 说话咬嘴唇

分两种情况，一种是顾客对自己的言行感到愧疚，通过咬嘴唇自我惩罚；一种是正在思考对方的讲话。

7. 抿嘴

这个动作一般意味着顾客正在下决心，而且习惯性抿嘴的人一般比较坚强，有种不达目的誓不罢休的劲头。

8. 其他嘴部动作

撇嘴表示无奈或不屑，嘟嘴表示撒娇，噘嘴表示不满，紧闭双唇有可能表示无声的抗议。

顾客眯眼睛，小心有疑心

有“读脸专家”之称的美国社会心理学家琳·克拉森曾经说过：“与人打交道，不要忽视观察他们的眉毛和眼睛。特别是眼睛，能为人们提供更多的心理信息。”

与顾客交流时，销售员一定要多注意他们的眼睛，除了目光、眼神之外，眼部动作也要重视。比如顾客眼睛如果睁得很大，说明他对你的话感兴趣；如果眼睛只盯着一处看，说明他没把你的话放在心上。有些销售员在和顾客交谈时，看顾客像弥勒佛一样，眯着眼睛，面露微笑，只是一言不发。没经验的销售员会认为对方正美滋滋地听你讲话，有经验的销售员则会敏感地觉察到，实际情况或许正好相反，甚至对方正在怀疑自己。如果情况属于后者，而销售员没有意识到，反而继续滔滔不绝地说下去，结果是说得越多，对方越怀疑，内心越警惕。如果及早意识到这点，就可以有针对性地变化策略，改善处境。

冯江涛是一家外企医疗设备公司的推销员，一天，他按照约定的时间来到客户办公室，打算签合同。合同是中英文对照各一份，他准备好后递给客户。客户先看了中文合同，确定了没什么问题，就开始看英文合同，结果看到最后一页时，对方的表情就出现了异样：歪着脑袋，眯起双眼，许久都没有反应。因为当客户在看合同时，冯江涛一直在观察客户的表情，所以立马就发现了，心想，莫非是合同在什么地方出了问题。接着，他主动问道："高总，有什么地方不明白，需要我解释的吗？"

客户把合同放到桌子上，笑着说："还真有不明白的地方。"

原来，在合同结尾处涉及日期那一项，应该用"within"，表示在10日之内，结果用了介词"on"，这样就表示在10日那一天。冯江涛核对后发现，果然是自己工作上的疏忽。接着，冯江涛非常真诚地向客户道歉，并承诺以后坚决不会犯这样的错误。此时再看客户的眼睛，发现已经"阴转晴"，而且还放出光来，不时点头赞许。

冯江涛通过客户看合同时"眯眼"的微表情，及时抓住了他的异议，并果断采取行动，抓住了谈判的主动权。试想，如果冯江涛没有发现，而客户又很世故，故意不说，并在将来以此为借口讹诈对方一笔，后果将会非常严重。

谈判或聊天的过程中，如果顾客眼睛眯起来，就充分说明他对你的话不理解，或者怀疑，这会直接引起对方思索是否该放弃这笔交易。所以，顾客眯眼睛动作虽小，但关联很大。另外，顾客不认同的程度一般和他眯眼睛的程度成正比，也就是说，顾客眼睛眯得越紧，说明他越反感；如果顾客彻底把眼睛闭上了，甚至头也不抬，说明对方已经达到了厌恶的程度。此时，再谈下去只会进一步激化矛盾，所以最好的做法是找个借口离开，换个时间、地点再谈。

优秀的销售员最核心的能力之一就是知道顾客心里想什么、需要什么，然后根据顾客的需求决定该说什么样的话，而眼部动作的变化就是最好的判断之一。

CHAPTER SIX

第六章

平中见奇，顾客的日常习惯亦真实性情

习惯性动作是顾客身上另外一个比较诚实的行为特征。它既不是为了掩饰什么，也不是为了证明什么，纯粹是顾客自己无意识的行为。行为是无意识的，但动作本身形成的过程却是顾客性格、心理长期积累的真实写照。销售员在坚持一贯的“眼观六路，耳听八方”的同时，也要对顾客身上的习惯性动作保持高度的敏感，只有这样，才能够迅速地捕捉到他们的心理，也才能及时采取有针对性的策略对顾客进行高效率的营销。

从吸烟姿势看顾客性情

初次接触香烟的人多会难以忍受其刺鼻的味道，但时间久了，很多人会对它上瘾。在这个过程中，自然融入了人们的习惯，而这种习惯绝非千篇一律，而是每个人都有自己的特色，这也给我们回过头来通过这些习惯性的行为动作来揣摩人的心理提供了科学依据。对于销售员而言，如果顾客吸烟，那无疑就为自己揣摩顾客心理多增设了一条通道。聪明的销售人员会从顾客吸烟的动作以及拿烟的习惯等细节，发现顾客潜藏在内心的秘密，然后再对症下药，促成买卖。

1. 从吸烟动作看顾客心理

（1）仰头向上吐烟

仰头向上吐烟的顾客，都较为自信，所以会给人一种居高临下的感觉。如果他向下吐烟，说明对方此时情绪消极，心有疑虑。面对这样的顾客，销售员为了获得对方的好感，一定要不卑不亢，不能让对方小看你。

（2）向下吐烟

顾客向下吐烟，八成是在思考事情，面对这样的顾客，销售员要有耐心。在等待的过程中，销售员可以猜测一下顾客的决定，然后想出对策。

（3）不停地弹烟灰

吸烟的顾客如果不停地弹烟灰，说明对方此时心有不安或者内心冲突严重。对待这样的顾客，要多为顾客着想，找到他内心不安和冲突的根源，帮他化解后，顾客自然愿意和你合作。

（4）吸烟速度慢

顾客吸烟的速度往往和对方情绪的积极性密切相关，如果对方吸烟速度慢，说明他正在考虑如何应付你。所以越是在这个时候，销售员也要沉住气，积极想出应对之策。

（5）还没开始吸就掐灭了

假如一个顾客刚点了一支烟还没开始吸就掐灭了，这说明他想尽快结束谈话或者已经有了新的想法。

2. 从拿烟习惯看顾客性情

（1）用食指和中指的第一指节夹烟

这类顾客比较爱干净，有时候甚至表现得有点洁癖。性格方面，这样的顾客也较为敏感，偶尔会有神经质的表现。他们一般悟性较高，想法也比较奇特，但缺乏付诸实践的冲动。工作上，有能力，但决断力不强，故而得不到上级赏识。他们心细、认真，但有时候对一些小事过于操心。在结交女士方面，很绅士，但有时候也免不了让人觉得清高。当然，以上特点只是这类顾客的综述，不见得每个这样的顾客都把这些特征表现完了。这类顾客好面子，自尊心强，所以销售员不要耍小聪明戳中他们的痛点。

（2）用食指和中指的指根夹烟

这类顾客富有男子汉气概，做事干净利索，但有时也因控制不住而随心所欲。他们做事尽责，有种不达目的誓不罢休的风格，事情顺利就高兴，一遇挫折就难以自拔。所以销售员在和这类顾客打交道时，要注意言辞，不要轻易得罪对方，必要时也要和对方斗智斗勇，积极周旋。

（3）用拇指和食指的第二根指节夹烟（手心向外）

这类顾客善于社交，与人交往能够很快投缘，但不善于隐藏，往往有什么说什么，所以也经常惹麻烦。他们心肠软，富有同情心，但往往会因为嘴巴不严，好心没好报。他们有热情，但毅力不够，遇到困难，往往半途而废。和这类顾客打交道，销售员要巧妙示弱，但不要啰唆。

（4）用拇指和食指的第二根指节夹烟（手心向内）

这类顾客城府很深，与人交往警惕性很高，经常会让人觉得难以接近。他们性格倔强，原则性很强，遇事很少变通，除非心情非常愉悦了才会有个例外。他们一旦决定了要做某件事，就会义无反顾，即便周围反对声音很强烈。对待这类顾客，销售员不要运用太多所谓的销售技巧或者小聪明，火候到了，赶紧收。

（5）习惯把烟叼在嘴边

这类顾客往往心地善良，为人热情，但免不了情绪化，做事时总是欠缺考虑，容易上当。光从外表看，这类顾客为人积极，但经常会有不切实际的想法，在一些场合会给人心浮气躁的印象。销售员在面对这样的顾客时，应该多赞美，和对方聊感情，当然，最好让顾客多说。

（6）用拇指和食指捏香烟

这类顾客喜欢亲近他人，但因为自身的敏感，又经常难以让人接受。他们的情绪一向不稳定，做起事情来性子会很急，骨子里面争强好胜的性格有时候又容易得罪他人。在这类顾客面前，多示弱，少逞强，做事、说话都要多给对方一些发挥的空间。

从坐姿、走姿透视顾客心理

在现实生活中，不同的人有不同的坐姿和走姿。坐姿、走姿不同，从本质上反映了人与人个性和修养方面的差异。销售人员在和顾客谈判的过程中，要善于从顾客的坐姿、走姿中发现其心理变化的轨迹，这样有助于了解顾客的真实意愿，从而对自己的销售策略做出有利于成交的改进。

1. 坐姿

（1）弹弓式坐姿

所谓弹弓式坐姿就是对方把一条腿放在另一条腿上，形成数字“4”的形状，然后双手放在后脑勺。这种坐姿是一种自信的表现，很多男性都会用这种坐姿来彰显自己的强势。有些领导也会用这种坐姿来表现出一种轻松的假象或者给下属施压。

如果顾客采用这种坐姿，表明他想掌控谈话的主动权。他把手放在后脑勺，好像在告诉销售人员：我很镇定，不会上你的当。这种故作轻松的姿势很容易麻痹销售人员。

销售人员在应对这样的顾客时，要根据具体情况采取不同的策略。总体来说，最好还是打破顾客的这种壁垒，让其改变姿势。比如，你可以身体前倾，摊开手掌对顾客说：“我知道您可能对我的话有些成见，能和我分享一下您的想法吗？”说完后，你再返回靠在自己的椅背上，看对方作何反应。

（2）起跑式坐姿

起跑式坐姿就是双手轻轻地放在双腿上，身体往前倾，脚尖略微翘起，做出即将离开的动作。如果你们的谈话和谐融洽，那么顾客的这一姿势是一个好的征兆，对方多半会接受你的产品。如果顾客先是摸一下下巴，再做出准备就绪的姿势，说明顾客有一半可能性喜欢上你的产品。当然，也要注意，这种情况还有另外一种解释，就是顾客对你的介绍很失望，恨不得立刻就“跑”。所以，除了要注意观察顾客谈话时的姿势，还要观察他们的表情和态度。

（3）军人式坐姿

这类顾客正襟危坐，双腿并拢，中规中矩得像一个军人。他们做事喜欢直来直去，为人也比较正直，所以销售员在对待这样的顾客时，最好不要耍滑头，以免让他们产生反感的情绪。

（4）把腿放在椅子扶手上的坐姿

如果顾客采取了这样的坐姿，说明他们对销售员所谈的内容漠不关心。此时如果销售员还是喋喋不休地谈论自己产品的优势，只会让对方越发反感。此时，最好的做法就是让对方把腿放下来，正视你所说的内容。当然销售员不能强硬地要求对方把腿放下来，而是要采取一些小动作，比如递给对方一些资料，但不要递得太近，好让对方起身“取”一下。

2. 走姿

（1）昂首挺胸式走姿

走路昂首挺胸的顾客主观意识很强，自信、好学，但有时也会自负。他们思维敏捷，做事有条不紊，组织力也很强，但不擅长人际交往，总喜欢孤军奋战。

与这类顾客谈判时，对销售人员的语言表达是一个很大的挑战，既要条理清晰，又要主次明确。如果希望这样的顾客成为长期客户，就要对他们多一份信任，不能总盯着顾客不放。

（2）身体前倾式走姿

这类顾客表面冷漠，内心非常渴望与人交流，是典型的“外冷内热”型。与这样的顾客深入交谈后，很快会发现他们为人谦虚，重情重义，待人诚恳，是具有良好修养的人。

和这类顾客打交道，销售人员不要只看外表，而要多挖掘对方的内心，多关心对方，他们定会对此深表感动。

（3）上身僵硬，双足内敛或外撇式走姿

这类顾客走起路来上半身基本不怎么动，但整体看来用力且急促。他们一般不愿意在交际方面浪费时间，对金钱的欲望也不强烈。不过，这类顾客非常聪明，会迎合他人心理，也经常会给人意外的惊喜。

与这样的顾客交谈，不必自夸，也不用要心计，只要找准了对方的需求，就很容易促成交易。

（4）步伐矫健式走姿

这类顾客精明强干，不爱慕虚荣，遇事能够临危不惧。他们也很讲信用。是个“一言既出，驷马难追”的君子。另外，他们的判断力很强，不易被人左右，所以经常担负一些重任。这类顾客务实求稳的处事风格，造就了他们生活和事业方面的成功。

和这样的顾客谈生意是很多销售员的福音，因为不仅能从顾客那里赚钱，还可以从他们那里学到很多东西。对待这样的顾客，销售员要实实在在，即便这次没有成功，下次他们也会让你尝到甜头。

（5）健步如飞，不顾左右式走姿

这类顾客精力充沛，办事果断，讲究效率，是典型的行动主义者。不过，有时候也会因为过于急躁而显得草率，留下遗漏或者其他损失。

这类顾客虽然遇事不搪塞，但完全按照他们的意见总容易出现疏漏，所以销售人员在向这类顾客销售商品时，最好把顾客没有考虑到位的地方都考虑一下，也为他们做好售后，满足他们办事讲效率的心理。

（6）横冲直撞式走姿

这类顾客走路、办事都风风火火，看似效率很高，其实总给人少根筋的感觉，因为他们很少在意别人的感受。也正因为如此，他们经常办错事，得罪人。当然，有利就有弊，他们坦率真诚，所以人缘颇好，身边的朋友也很多。

和这类顾客谈生意，销售员一定要诚实守信，不能忽悠他们。一旦你的为人或产品得到他们的认可，他们就会介绍更多的人照顾你的生意。

（7）掷地有声式走姿

这类顾客往往目光远大，积极进取，也很擅长规划未来。他们做事理智，也不惜投入感情，是很好的合作伙伴。

这类顾客往往是销售中的关键人物，所以销售员要善于挖掘顾客的消费动机，比如你要推销一批电脑给他所在的公司，不妨教他一些电脑安全管理方面的知识，增加他在公司的核心价值，那么他就会成为你推销的得力助手。

（8）慢悠悠式走姿

这类顾客对人生没有太高的要求，也缺乏一定的进取心，是典型的现实主义者。但这类顾客往往有一个很大的优点：脚踏实地，所以他们也往往受到命运的垂青，走向成功。

对待这样的顾客，销售员的企图心不要表露得太直白，一定要有耐心。和他们做生意，要抱着顺其自然的态度，时机一到，交易就是必然的事情。一旦与这类顾客合作，他们往往会成为你最忠实的用户。

（9）踱方步式走姿

这种走路方式的顾客有点像古代当官者，务实、精明。他们头脑清醒，做事认真，判断一件事，总要站在客观的立场上，刻意做到不被情绪左右。有时候为了保持尊严，他们不苟言笑，但私下或许有不为人知的放荡一面。

和这类顾客谈生意，特别是涉及金额较大时，一定要想好风险防范措施，否则他们可能会赖掉你应得的款项。

小小餐桌流露百态人生

和家人、朋友到餐厅吃饭是日常生活中的小事，如果仔细观察，仍然可以从中发现很多有趣、有用的现象，比如可以通过观察顾客找座位来判断他的性格，通过顾客吃饭速度来揣摩他的判断力等。

1. 不停换座位的顾客是挑剔的完美主义者

有些顾客进入餐厅后迅速环视一圈就能够找到满意的位置坐下，有些顾客却经常为找不到满意的位置发愁，好不容易坐下来，要么觉得座椅不舒服，要么觉得位置不好，又从一个餐桌换到另外一个餐桌。如果他的同伴都有这个毛病倒还好说，但关键问题是大家经常被这样的顾客折腾得吃不消。其实，这种对座位挑剔的顾客都有点强迫症式的完美主义倾向。他们不管做什么，都想要最好的。可是这个世界上根本不存在十全十美的东西，所以这种顾客在现实生活中也往往活得很累，当然，和他们一起生活的人也有同感。这种一再换座位的顾客，做决定很少深思，而且有时候想法不成熟，如果觉得不对了就随时再改。

面对不停换座位的顾客，服务人员要注意引导，不能任由顾客的性子到处乱转。比如服务员可以提前确定这类顾客的需求，然后主动为他们选定位置，并在对位置的介绍方面略作渲染，让他们至少在精神上获得必要的满足感。

2. 点菜的方式体现顾客的性格

与选座位、吃饭类似，点菜也能够体现出顾客的性格特征。那些点菜时冲服务员大叫的顾客，自我表现的欲望比较强烈。虽然同席的人会觉得尴尬，但他们不在乎。如果连喊好几次，说明这类顾客的性子比较急。

总是用命令式口吻摆出“我是客人”的姿态说话的顾客，会在地位与称呼方面和人斤斤计较，如果稍微被怠慢或者称呼不得体，会立马用恶语或脏话等反击。

点菜喜欢打手势召唤服务员的顾客，一般不喜欢出风头。他们有“为所应为”的执行力，也会考虑他人的立场，除非机会来临，否则会一直蛰伏等待。

在餐桌上主动等待服务员把菜单拿过来的顾客，性格多稳重。他们心里面可能会抱怨“服务员怎么还不过来”，但从不招摇，因而也容易积累压力。

点菜犹豫不决，总是无法下决定的顾客一般缺乏决断力，因为他们太在意别人的看法，总担心自己点的菜不符合大家的口味。换句话说，这类顾客很少为自己点菜，都是想着大家喜欢吃什么。

点菜速战速决的顾客往往属于领导者性格，他们凡事求快，难免缺乏深思，故而有些想法会显得很天真。

点菜时习惯提示、指导他人点菜的人，性格多温和、亲切。心理学家认为，这类人虽然有周详的计划，但在想法方面，欠缺深度的思维。

点菜时随性而为、一次点一大堆的顾客，属于心浮气躁型。这类顾客往往会有点孩子气，如果心里有想法或需求，就非要表现出来不可。这类顾客是对失败（点太多而吃不完）缺乏慎重考虑的人，思维也缺乏随机应变的弹性。

服务员在接待不同的顾客，或者销售员在陪同顾客吃饭的时候，不要光顾着服务或吃饭，也应该多去观察顾客在选座位、吃饭、点菜等方面的细节，拿捏顾客性格的轮廓，也方便做好服务或接下来的洽谈。

3. 喝酒时姿势表现顾客的内心世界

在餐桌上吃饭，喝酒经常会成为其中的重头戏。喝不同的酒可能表现出不同的品味，同样，喝酒时手拿酒杯的不同姿势也可以反映出顾客不一样的内心世界。

（1）喝酒时紧捂杯口的顾客虚伪

这类顾客做出这样的动作，往往是想掩盖自己的真情实感。他们不轻易暴露自己内心的真实想法，因为害怕他人的选择与自己期望的不一致，也害怕没面子。针对这类顾客，销售员最好的做法就是奉承对方，多奉承就能攻破对方的心理防线。

（2）紧抓酒杯，用拇指按住杯口的顾客坦诚

这类顾客的手势一般是想把酒杯拿得更牢一些，因此在接下来喝酒的时候就可以一饮而尽。他们坦诚、豪爽，对于他人合理的要求，只要在自己的能力范围之内，一般不会拒绝。面对这类顾客，销售员最好不要耍什么小聪明，也坦诚相对即可。

（3）喝酒时紧握杯子，拇指顶住杯子边缘的顾客聪明

这类顾客一般会巧妙应对他人的敬酒，而且饮酒比较节制，会控制在一定的限度以内。如果他们不想喝了，会把话说得很圆满，不会让现场气氛尴尬。销售员给这类顾客介绍产品，说到位即可，如果对方看完依然没有兴趣，那么再耗下去也是在浪费时间。

（4）喝酒时握住高酒杯的脚，食指前伸的顾客贪婪

这类顾客习惯性地用手握住酒杯的脚，食指前伸，往往显得很高雅，很有品位。不过，不管他们如何掩饰，都挡不住眼神里面流露出来的贪婪。这类顾客更喜欢和有权有势的人打交道，所以比较擅长奉承之道。销售员在面对这类顾客时，无论是在着装还是在谈吐方面，最好也表现得高雅、绅士一些，不要让对方看扁了。

空间距离潜伏的顾客心理

空间距离从某种程度上讲，确实可以反映出两个人关系亲疏、心理距离的远近。销售员不仅要有通过观察顾客与自己空间距离来判断对方心理的能力，还要有灵活转变自己与顾客空间距离以增进彼此感情的手段。

文涛是一家电子设备销售公司的业务员，打算把公司某个型号的电子元件推销给当地的一家工厂，便去拜访该厂的厂长。不过，去了两次都没有什么成效。第一次人家在开会，一概不会客；第二次，文涛虽然被邀请进了厂长办公室，但厂长只是站着和他聊了几句就借故走开了。文涛不甘心，没过两天又去拜访，这次正好碰到厂长在自己办公室里费力地转移一个柜子的位置。文涛见状，赶紧上前帮忙，一会儿就把柜子放好了。完事后，厂长嘴里虽然没有说什么感谢的话，但还是亲自倒了一杯水递到文涛的手中。结果，因为文涛的热情，俩人的空间距离被拉近了。就这样，他们坐在沙发上又聊了将近一个小时，文涛也趁机把自己的产品优势都讲了一遍，最后厂长同意试用他们的电子元件。

心理学家的研究表明，人与人之间的空间距离与心理距离是密切相关的。每种关系都有与之匹配的空间距离，所以陌生人不会离得太近，亲密的人不会离得太远。顾客与销售员之间第一次见面难免会有隔膜，这也是情理之中的事情，特别是有些经常饱受销售员“骚扰”的顾客，排斥心更强，彼此间的距离会更远。如果销售员自己首先对顾客的行为失望，那么彼此间的距离只会越拉越远。相反，如果销售员努力创造拉近与顾客空间距离的条件，那么顾客的心也会渐渐地向你靠拢，并最终认可你这个人，接受你的产品。

美国人类学家爱德华·霍尔通过自己多年的观察和研究，总结出四种距离：

1. 亲密距离

一般在0.15米到0.45米之间。这是诸如父母、夫妻、恋人之类的亲人之间的距离，一般在触手可及的范围内，目的是方便爱抚或者施与保护等。当然，也不排除关系非常密切的同伴离得很近的情况。

2. 个体距离

一般在0.45米到1.2米之间。这一距离方便拥抱，也适合促膝长谈，对方的表情也可以一目了然。

3. 社会距离

一般在1.2米到3.6米之间。这一距离超越了正常情况下身体接触的范围，是正式社交场合人与人之间以及在一起工作的同事之间的正常距离。这种距离既不受他人影响，也不会给他人带来不便，会给人一种庄重感、严肃感。

4. 公众距离

分接近型和远离型两种情况，前者一般在3.6米到7.5米之间，后者在7.5米以上。这种距离一般适合演讲时演讲者与听众之间的距离，也说明双方有很多问题有待解决或思想有待交流。

通过观察顾客与销售员面谈时的空间距离，销售员一般可以较为准确地判断出顾客与自己的心理距离，从而洞察顾客的情感。必要的时候，销售员可以主动适当调整双方的距离，以表示自己的心在向对方靠拢。如果销售员作为客人，登门拜访，被顾客挡在门外，或者即便把你请进门，也只是简单地说几句，这就说明顾客的抗拒心和防范心很重，生意很难做成。如果顾客把你请进家或办公室，隔着茶几或办公桌进行交谈，生意成功的概率会非常大。如果顾客越过彼此的距离，直接坐在你旁边，边听边看你手中的资料，那么只要稍微争取，顾客就会买单。

既然空间距离会对人的心理产生重要的影响，那么销售员在选择会谈场所的时候，就要多用点心思。比如选择茶馆、咖啡厅等相对休闲的场所，除了座椅之间的距离很近之外，轻松和谐的氛围也会减少双方心理上的陌生感。当然，如果条件允许，销售员也可以借助一些有身体接触的社交活动，来拉近感情，比如桥牌、保龄球等。

为了赢得顾客的信赖和好感，销售员不仅要学会缩短与顾客之间的距离，还要善于控制这种距离。正所谓物极必反，如果销售员与顾客靠得太近，会显得没有礼貌，也不庄重，势必引起对方的反感。没有最好的距离，只有最合适的距离，只要销售员能够把握好与顾客之间既礼貌庄重，又不失亲密的距离，双方关系就会顺利发展。

从座次位置透视顾客心理

不管是和顾客面对面地沟通，还是一起用餐、办事，难免会涉及选座位，此时，销售员如果仔细观察他们选座位的特殊偏好，就可以在某种程度上分析出他们的心理和性格。通过观察顾客选座位，再配合其他肢体语言，就可以大体上判断出顾客是否喜欢与人接触、对他人的信赖感强不强、外向还是内向，以及对私人空间的需求是否强烈等。掌握顾客的这些基本信息，再采用正确的方式与对方沟通，既可以拉近感情，也可以有效促进成交。

1. 选择靠窗位置的顾客

靠窗位置视野开阔，向内环顾四周很方便，向外欣赏风景也很不错，所以，正常情况下，它也是最早被人选择的位置。对靠窗位置比较青睐的顾客，性格多元，既可能是崇尚自由的梦想家，想找个视野良好的位置观人生百态，也可能是个实干的企业家，喜欢纵览全局。对于前者，多谈艺术，对于后者，多讲策略、效率，都会促进成交。

2. 选择角落位置的顾客

习惯坐角落位置的顾客一般不喜欢与人有太过密切的接触，很讨厌他人未经允许就私闯他们的空间。如果你的顾客偏爱角落的位置，要么是你们要聊的内容比较私密，要么是顾客性格使然，想借此机会向你暗示，不要期望和他关系更进一步。销售员对这类顾客不妨保持适当的距离，让他们有一定的安全感。

通常情况下，缺乏安全感或者内向的顾客都需要较大的私人空间，他们不管坐还是站，都刻意和人保持距离，而且害怕与他人有肢体接触。如果选择去某个地方是由销售员做主，那么应当尽量避开人多嘈杂的地方，到相对僻静的地方较为合适。

3. 选择面对面位置的顾客

这类顾客一般活泼外向，对人不怎么设防。即便是初次接触的人，他们也会很快和对方打成一片，而且人越多，他们的精神头越好，各方面的表现也越出色。这类顾客讲话时，喜欢用眼睛注视对方，也不忌讳肢体接触，如果双方视线有障碍，或者距离太远，不方便接触对方，他们就会觉得不舒服。

销售员与这类顾客接触，要大方、自然，特别是说话时不要回避对方的眼神，要不然他们会觉得有些失落。有时候销售员为了拉近关系，开个玩笑，或者拍拍对方的肩膀，都不会有什么问题。

4. 选择斜对角位置的顾客

斜对角会给人一种遥遥相望的感觉，所以选择这种位置的顾客多比较害羞、内向，既不想与他人视线相对，也不习惯别人盯着自己看。面对这类顾客，销售员在一开始可以适当保持距离，如果后续的谈判较为顺利，就要自然地调整位置，拉近与顾客的空间距离。

5. 座位的物理距离也是心理距离

座位的物理距离也是心理距离，所以一定程度上反映了双方的身份、心理想法等。比如一对卿卿我我的情侣即便坐在很宽敞的沙发上，也会离得很近。

这并非是空间不够，只是反映了他们如胶似漆的情感和心态。销售员遇到这类情况，不管对面是情侣还是夫妻，都最好和他们保持适度距离，这样谈话会更自然，更顺畅。

6. 座位的方向意味深长

顾客座位的方向一般分两种情况：坐在销售员的正对面或旁边；坐在背向房间入口或里面的某个位置。如果是面对面坐着，会有一种距离感，要是两人之间有一张桌子或其他障碍物，会感觉相对比较舒服。如果坐在侧旁，就没有什么限制。很多人采用这种亲密的方式并肩而坐，朝向同一个方向，注视相同的对象，很容易产生某种连带感。面对面坐着谈话交流方便，但也容易产生视线冲突，有时会形成一种对峙感。

销售员可以通过顾客坐的方向来推测其心理活动以及其他相关的信息，若想采取什么行动，就有了对策。

口头禅展示顾客的心性

口头禅也叫口头语，源于佛教禅宗，本意是指不去用心领悟，而把一些现成的经验挂在口头，装作有思想，自以为懂得禅的道理。现在，口头禅主要指一个人习惯在有意或无意间说的话。口头禅既是说者心理的一种反射，也能够反映出他的心理状态，故而也会影响其他人对说者的观感。

倾听顾客说话的时候，销售人员要特别注意对方的口头禅，因为这在很大程度上反映了顾客的真性情。口头禅的形成和一个人的性格有很大关系，也和所处的环境以及平时接触的人有关。对销售人员而言，这些口头禅是打开顾客心扉的一把钥匙。

语言是社会的产物，一些流行语的出现也能够反射出特定时期的社会现象以及某个特定群体的社会心态。

就拿“随便”这个词来说，貌似在生活中很常见，但其实如果留心的话会发现，喜欢用这个词的人心态可能会比较弱。因为“随便”代表了某种不确定性，所以经常用这个词的人缺乏主见，没有目标，还经常会表现出一种焦虑感。另外，这类人往往不能为自己做主，还经常隐藏着“即便错了也不怪我”这样推卸责任的潜台词。

现实中，顾客经常会说哪些口头禅呢？它们分别代表了顾客怎样的心境呢？下面是一些归纳和总结：

1. 经常使用“我个人的感觉是”“可不可以”“是不是”之类词句的顾客

这类顾客一般都比较理智客观，性情也较为温顺，他们一般会对自己的购买行为做出认真分析，然后再做出决定。销售员在面对这样的顾客时，最好表现得谦虚、淡定，让对方从你的行为里面感觉到可亲可敬。

2. 经常使用流行词汇的顾客

这类顾客一般缺乏个人主见，喜欢随大流、浮夸。不过，作为销售人员，最好在日常生活中多关注一些流行语，掌握一些前沿的概念，如果顾客能通过这些细节对你产生一种见多识广的认识，那么成交就是早晚的事情。

3. 经常使用“绝对”的顾客

这类顾客的性格较为武断，也有点儿极端，不是太幼稚就是自知之明太强烈。面对这类顾客的时候，销售员最好有条不紊地说出你自己的要求、条件，然后再表明立场，顾客会更容易接受。

4. 经常使用“确实如此”的顾客

这类顾客往往较为无知、浅薄，但他们自己又浑然不觉，还自以为是。和这类顾客交往，销售员最好表现得强势一点，用滔滔不绝的口才展现自己博学、专业的一面。

5. 经常使用“这个我早知道了”的顾客

这类顾客自我表现的欲望普遍较为强烈，在谈话过程中习惯性地以自我为中心。面对此类顾客，销售员不妨屈尊配合，争取实现尽快合作。

6. 经常使用外语的顾客

这类顾客的虚荣心较为强烈，喜欢展现和卖弄自己。对待这样的顾客，销售员不妨多用一些富有诱惑力的价格或其他优惠来吸引他们。

7. 经常使用“那个”“这个”“啊”之类词语的顾客

这类顾客说话办事都比较谨慎，是个“老好人”，一般不会招惹是非。即便如此，在和这类顾客交往的时候，销售员也不要过度利用他们的这一“弱点”，因为他们对自己“好人”的身份是比较敏感的，如果你在这一方面得罪了他们，即便他们嘴上不说，也会通过不合作来表现的。所以和这类顾客沟通时，销售员不妨多用一些模糊的词语，不要逼他们表态。

8. 经常使用“其实”的顾客

这类顾客说话的时候总想引起别人的注意，表现欲望较为强烈。销售员对待这类顾客就投其所好，多赞美，让对方感受到你如火的热情。

9. 连续使用“果然”的顾客

这类顾客个性较为独立，通常会表现出以自我为中心的个性。与这类顾客交往，销售员应该多考虑他们的感受，相对示弱，给他们一些主动权和必要的尊重。

10. 经常使用“最后”之类词语的顾客

这类顾客多属于潜在的欲望没有得到满足。所以销售人员要多去挖掘这类顾客的希望和要求，如果依然没有实现合作，只能委婉地把机会放到下一次。

11. 经常使用“我”之类词语的顾客

这类顾客渴望引起他人的注意，所以会寻找各种机会强调自己。沟通中，销售人员要多给他们表达个人意见的机会，并用双眼看对方的眼睛，仔细倾听，让对方有被重视的感觉。

12. 经常使用“真的”之类强调式词语的顾客

这类顾客多不够自信，唯恐对方不相信自己所说的话。和这类顾客沟通、交流时，销售员要注意眼神的交流，并不时点头默认表示出自己信任对方的姿态。

13. 经常使用“必须”“不能”这种命令式词语的顾客

这类顾客往往比较自信，领导欲望也很强烈，有时候甚至专制、骄横。销售人员要尽量避免在观点上和他们发生正面冲撞，要让他们先发表高见，并从中挖掘他们的诉求，进而采取有针对性的“进攻”，最后达成合作。

14. 经常使用“我想”“我要”“我不知道”之类词语的顾客

这类顾客爱意气用事，思想单纯，情绪不是很稳定，有时候会让人捉摸不透。销售员对待这类顾客要学会引导对方的情绪，感染对方的情感，最后营造有利于成交的氛围。

15. 经常旁若无人地使用地方方言的顾客

这类顾客个性独特，自信心很强。和这类顾客说话，销售人员最好绕个弯子，不能直接提出要求。

口头禅是顾客经常性使用的词汇，因此富有很强的个人特色，也是他们性格的言语体现。销售人员应该多对顾客的口头禅加以研究，准确把握客户言语习惯背后的性格、性情，做到知己知彼，精准营销。

折射在酒中的顾客心理

作为现代交际场所的必需品，酒不仅仅是糅合人与人之间关系的佳酿，也是揣摩对方心理的工具。但是，这不是说你和顾客喝酒喝到位了，顾客就买单。喝酒固然可以加深顾客和销售员之间的感情，但聪明的销售人员更擅长在酒桌上通过顾客喝酒的细节来把握顾客的性格特点，然后对其有针对性地营销，这样会大大提高销售的成功率。

细心的销售人员会在酒桌上发现，酒的种类和顾客的性格之间存在着某种内在的关系。通过顾客选择什么样的酒，以及顾客喝酒的风格和他们举杯的姿势，就可以看出顾客的性格。所以，和顾客在酒桌上相处时，对他们的这些行为多加留意，并积极引导，就可以有效地促成交易。

李天羽是一家房产公司的推销员，一次他约客户在酒店谈生意，顺便问了一下客户喝什么酒。客户说："除了红酒之外，其他什么酒都不喝。"李天羽想起朋友和他聊天的时候提到过喝红酒的人一般性格都慷慨，他们一般都实力雄厚，而且对生活的质量要求很高。随后，李天羽在向这位顾客介绍房子的时候，尽量强调房子设计的独特、品位的高雅，最后才提了一下价格有点贵。但李天羽最后仍不忘提醒对方说，住在这样的房子里面和对方的身份很匹配。最后，让李天羽兴奋的是，客户满不在乎地说："只要房子真的像你说的那样就没问题。"一个星期后，李天羽和客户实地看了一下房子，买卖就这样成交了。

在这个案例中，李天羽通过顾客喜欢红酒这一行为，初步判断出顾客的性格，进而根据其性格特点进行了有针对性的推销，最后达成了交易。可以说，酒让推销员李天羽在这位顾客身上找到了突破口，从而掌握了销售的主动权。那么，顾客性格和酒之间的联系究竟是怎样的呢？

1. 喜欢白酒的顾客

白酒的度数一般以40度为界，高于40度算高度白酒，低于40度算低度白酒。那些选择低度白酒的顾客往往人际关系比较融洽，不过思想偏于保守。这些顾客的生活态度都比较积极乐观，不过有时候也会显得比较“心软”，即便曾经得罪过他的人向他求助，他也会不计前嫌。当然，这有时候会成为他们的软肋，容易被人利用。选择高度白酒的顾客性格更为豪爽，个性也较强。这样的顾客一般都热衷于冒险和挑战有难度的事情，敢于反抗权威。

面对喜欢低度白酒的顾客，销售员要多示弱，以引起他们的同情。在面对喜欢高度白酒的顾客时，销售员最好多去征求他们的意见，这样他们会觉得受到尊重，自然会对你有好感。

2. 喜欢啤酒的顾客

啤酒是一种比较大众化的饮料，度数不高，一般人都比较喜欢。在日常生活中更倾向于选择喝啤酒的顾客会呈现出一些显而易见的特点。喝啤酒的顾客性格多温和，喜欢逢迎他人，遇事经常没有主见。面对这样的顾客，销售员要主动一点，担当一点，多给他们拿主意。

3. 选择威士忌加水的顾客

一般喜欢威士忌加水的顾客都懂得应酬之道，非常擅长人际交往。在聚会上，他们多扮演调节气氛的角色。在工作方面，这类人一般受人尊重。和这类顾客相处，销售员会感到很愉快。如果销售员在开展工作方面受阻，想要多去争取客户方中的中立者或者反对者时，不妨借助他们的力量，以团结到更多的人。

4. 选择威士忌加冰的顾客

这类顾客是真正喜欢喝酒的人，他们对事物的判断都以实用为主，从不装腔作势。与人交往，他们往往爱憎分明，很少迁就他人。不过，这类顾客比较刚性的表达方式有时候容易让自己受伤。

销售员和这类顾客打交道，一定要讲信用，因为顾客本身就是非常注重承诺的人。一旦赢得了他们的信任，不管是对销售人员的工作，还是生活，他们都会鼎力相助。

5. 选择苏打水的顾客

这类顾客一般都有理想，也会花费很多心思让自己的生活变得精彩。他们总会在脑子里面酝酿很多古灵精怪的想法，从而让简单的生活妙趣横生。他们无法忍受机械、单调的生活，与他们相处往往也会有很多乐趣。不过，这类顾客也比较敏感，所以和他们相处要懂得欣赏他们，不要打击他们。

这类顾客一般会留意购物方面的优惠信息以及销售技巧，所以具备一定的“反促销”能力。不过，销售人员依然可以利用他们的虚荣心，慷慨地赞美对方，从而弱化对方的心理防线，有效促成交易。

6. 选择香槟的顾客

香槟具有诱惑、奢侈、浪漫的色彩，被称为葡萄酒之王，一般和贵族联系紧密。所以说，喝香槟的顾客与其说是在喝酒，不如说是在摆身份、地位。当然，能喝得起这种酒的顾客，经济实力都比较雄厚。销售员和这类顾客有生意往来时，最好提前做好各方面的准备，比如既要对自己的着装考究，也要对时尚、政治等方面的话题做一些有独立见解的提升。等关系到位了，谈产品就是水到渠成的事情了。

7. 选择红葡萄酒的顾客

喜欢喝红葡萄酒的顾客往往干劲十足，不过他们也非常现实，注重眼前利益，对金钱和权力很迷恋。销售员和这类顾客做生意，要注重产品和服务的可操作性，最好多用一些可视化的数据做量化分析，让顾客一眼就可以看明白。不过，涉及具体措施要稳妥，因为他们不太喜欢冒险。

8. 选择白葡萄酒的顾客

与红葡萄酒相比，白葡萄酒少了一些涩味。这类顾客性情温顺，有时也富有激情，但不长久。对待这类顾客，要趁他们心情好的时候，采取速战速决的策略，以防情绪低落后反悔。

9. 选择不喝酒的顾客

除了酒精过敏之外，一般不喜欢喝酒的顾客可以分为两类：一类性格相对保守、懦弱；一类自我要求较高。前者较为温和善良，后者或许是曾经有过酒后失控的现象，所以就戒了。这种不喝酒的顾客往往自控力较强，销售员和他们交谈有时候也会感觉到对方很顽固，所以为了做成生意，就必须多点耐心和毅力。

从字迹看顾客性格

俗话说“字如其人”，意思是说字迹能从侧面反映出一个人的性格特点。销售员在和顾客接触时，不管是让对方签字，还是写一个单据凭证之类的，都会接触到对方的字迹，仔细观察，定会获益匪浅。

1. 写字小的顾客观察力好

字体大小在2～4毫米之间，已经算是很小了。习惯于写小字的顾客观察力和专注力不错。他们很在意别人的看法，容易受外界环境影响，警觉性很高。如果字迹本身细小，并且越写越往上偏，表明对方注意力非常集中，喜欢做一些细致的工作。这类顾客以家庭为核心，而且愿意为家庭而自我牺牲。如果越写越往下，表明对方性格柔弱，太在意他人对自己的看法。销售员在进行促销的过程中，不妨说些涉及对方家庭的话题或者推荐一些适合顾客家人使用的产品，都能够从顾客那里得到满意的回馈。

2. 写字大的顾客好表现

字体大小在6～8毫米之间，算是比较大的字体。这类顾客好表现，喜欢引人瞩目，做事麻利但有些鲁莽。他们可能有目的、有计划，但很少注重细节，有时候以自我为中心的心态很严重。

3．字体左倾的顾客情感压抑

字体习惯向左倾的顾客在社会生活中谨小慎微，情感压抑，对周围的环境反应也显得很冷漠。这类顾客独立自主，不容易和他人产生正面冲突。他们往往有着敏锐的观察力，是个很好的倾听者。

4．字体右倾的顾客偏好社会互动

字体习惯向右倾的顾客能动性强，思想开放，对精神层面的追求很痴迷，而且要求也很高。这类顾客性情开朗，同情心和集体观念都很强，很喜欢社会互动。如果顾客的字体是向右倾斜，而且向下倾斜，说明对方经常内省。这类顾客的意志普遍不强，做决定时很容易受到他人影响。

5．字体垂直的顾客责任感强

写字时字体垂直的顾客一般都独立自主，而且他们会时刻保持理智、思维清晰，做判断也会根据自己的分析，一旦做出决定就不轻易改变。这类顾客的自我控制力很强，行事谨慎，忠于职守，责任感、原则性都很强，情绪反应一般不会很激烈。

6．习惯写正方形字的顾客正直

习惯于书写这种字体的顾客，品行一般都不会有什么问题。他们尊重传统，办事稳重踏实，原则性很强。这类顾客的自我控制能力很好，所以外人一般很难揣摩他们的情感变化。

7．习惯写圆形字的顾客性情随和

习惯于书写圆形字的顾客，性情都较温和，为人处事在无形中总会展现出中庸的智慧。当然，这种智慧并不是刻意表现出来的，而是来源于他们性格里面固有的天赋。他们自我克制能力强，不喜欢与人发生正面冲突。当然，有时候他们过于克制自己本能的需求，所以行动时优柔寡断，做重大决定时总是犹豫不决。

8. 习惯写长方形字的顾客勇于开拓

习惯于书写这种字体的顾客身上反传统的特征比较明显。人一般自信心强，行动性也很强，而且为人处世爱憎分明，很少说模棱两可的话。

如果他们的字体向右倾斜，说明这个人性情豪爽、乐观向上，也勇于竞争。不过，他们的性格张扬外露，很容易得罪人。如果字体向左倾斜，说明对方好内省，情绪比较压抑，对周围环境反应冷漠。

9. 扁形字具有顽强的毅力

写扁形字体的顾客不多，如果遇到的话，也能很容易判断他们的性格。这类顾客毅力坚定，自信心很强，不容易受外界干扰。他们做事认真、负责，而且有条理，但难免刻板僵化，缺乏弹性。

如果顾客的字体向右倾，说明对方有理想，勇于开拓，为人热情，容易与人相处，敢于冒险和做新的尝试。如果字体向左倾，说明对方性格叛逆，做事持之以恒。这类顾客往往清高，难免孤傲，所以不屑于做很多世俗的事。他们属于典型的理性主义者，所以对现实社会常感愤懑不平，内心冲突很严重。他们的朋友不多，但亲密的朋友往往都很值得信赖。

俗话说，“处处留心皆学问”，销售员要善于捕捉任何一个可以揣摩顾客心思和性格的点，然后将其放大，并应用到具体的销售实践中。

CHAPTER SEVEN

第七章 避实就虚，顾客的心理弱点要巧妙利用

人性，都是有弱点的，特别是在涉及自身利益时，人性的弱点会表现得更为淋漓尽致。顾客在和销售员沟通的过程中，具体表达方式可能千差万别，但总的行为思路却一脉相承，就是渴望用尽可能少的钱获取尽可能好的产品和服务。销售员只要把握好顾客的这一心理诉求，就很容易从中发现顾客的弱点，并通过各种方式满足他们的诉求。解析顾客的心理弱点，重点在于迎合顾客的诉求，以达到顺利销售的目的。如果一味地利用顾客的弱点，只会适得其反，因小失大。

嫌货才是买货人

不管是在街边水果摊前，还是在商场里面的高档服装店里，总有顾客对眼前的商品挑三拣四，一会儿嫌价钱贵，一会儿又觉得质量不够好。总之，销售员和这类顾客在吵吵嚷嚷中，最终做成买卖的还是占大多数。很少有商家因为顾客的嫌弃而生气动怒，因为他们内心明白，这些嫌货的主才是最后买货的上帝。既然他们是衣食父母，商家忍两句就是了，为什么还要对掏钱的人发脾气呢?

其实顾客在对产品挑毛病的时候，也是对产品真正感兴趣的开始。顾客的这种明明有感觉，嘴上却嫌弃的言行被称为挑剔心理。事实上，顾客并非是在故意找茬，而是想通过这种方式获得更优惠的价格或更好的服务。此刻，销售员多点耐心，赔点笑脸，就能轻松做成生意。

谭炳德在一个小区的门口开了一家水果店，刚开始和附近的居民不熟，总有些人挑三拣四，甚至说些风凉话。

一天晚上，准备收摊的时候，店里进来一位上了年纪的顾客。在水果店里晃悠了两圈之后，对方才慢悠悠地问道:“你这里的草莓怎么这么贵啊?”

“大叔，你放心，我店里卖的水果都是新鲜的，质量绝对没问题，不信你可以免费品尝一下。”谭炳德没有一丝反感，反而非常热情地说。

顾客犹豫了一下，拿起一个尝了一下，不过还是摇着头说："味道还行，就是个头有点小了。"

谭炳德问："如果你要送人，我可以耐心地帮你挑几个大的，如果是自己吃，大小就无所谓了，你说呢？"

"可是我总感觉还是有点贵，再便宜点，我多买几斤。"

谭炳德依然满脸堆笑地说道："我也是小本经营，真不能再便宜了，要不然会亏老本的。"

不管这位顾客怎样刁难，谭炳德都微笑应对。顾客虽然在临走的时候还在抱怨价格有点贵，但他除了购买了二斤草莓，还买了十多个苹果。

谭炳德在面对顾客的挑剔时，可以做到不生气、不反驳，不仅仅体现了自己的修养，也不全是对自己产品有信心，更重要的是，他对顾客的心理有种深刻的洞察力，明白他们外在行为所体现的深层寓意。

销售员在和顾客打交道的过程中，要眼睛灵敏，更要脑袋灵活。多观察，多总结，多思考，既不要轻信他们"不错不错"的赞美，也不要因为他们过激的批评而恼怒。永远相信一个规律：喝彩的多为看客，挑剔的多为买家。

当然，作为销售员，不能任由顾客的情绪发展，特别是在应对这类挑剔时，应该遵循一定的策略。

1. 微笑

如果说两点之间线段最短的话，那么微笑就是两个人之间的线段。事实上，任何销售工作都是从微笑开始的。微笑可以提升销售员自身的形象，打开顾客的心扉。顾客挑剔的时候，即便其表情冷若冰霜，只要销售员保持微笑，那么，这样的微笑就像火热的太阳，向顾客发出耀眼的光芒。随着时间的推移，顾客脸上的冰霜终究会消融殆尽，此时，不是你求顾客购买，而是顾客不忍心不买。

2. 自信

自信是一个人有所作为必不可少的条件，对销售员的要求更高，因为销售员在销售产品时遭受拒绝的频率更高，程度更甚。如果销售员自信心不够，顾客一眼就能够捕捉，从而使自己在接下来的讨价中处于劣势。面对各种还价的理由，销售员不能没有限度地随意降价，如果商品货真价实，就应该有坚守价格的信心。最后，你的自信也是顾客判断商品价值的一个标准，所以，自信会让你获得意想不到的收获。

3. 识别

人们经常将商场比喻为战场，可见它们在很多地方都有相通之处。商场上尔虞我诈的陷阱很多，特别是对销售员来说，如果不去识别顾客的真实意图，很容易错失销售的机会或者无端浪费时间。为了不得罪人，中国人一般都不喜欢说“不”，所以很多还价的顾客其实也是婉拒的意思。此时，如果销售员没有领悟对方的意思，反而一个劲儿地劝说，最终只是自己徒劳。

面对顾客的挑剔、指责，能够不反唇相讥，这是做生意的起码条件，也是销售人员最起码的要求。如果在此基础上，对顾客的意见给予足够的重视，就会让顾客感觉到被尊重。从营销学的角度看，顾客嫌弃他所看中的商品证明他有购买欲望，嫌弃本身也是认真思考的过程，所以才会提出种种意见和要求。对顾客的异议，销售员除了微笑应对外，还要给予正面的解释作为回应。那些在购物或接受服务过程中嫌货的顾客，其意见不排除人为的偏颇，但毕竟也是切身感受，应该予以重视和落实。这样，顾客会觉得商家的改进中有自己的一份功劳，那么，他们成为回头客的概率也会大增。

犹豫不决的顾客要多给建议

与干练型顾客不同，犹豫不决型顾客往往会在产品的颜色、款式等细节上犯愁。不过遇到这类顾客，销售员应该感到欣慰，因为他们往往是准顾客，更容易生成订单。这类顾客之所以犹豫，说明他们确实有需求，只是对产品各方面的要求有点完美主义的倾向。另外，既然已经在产品的选择上犹豫许久，那么临走时不买一件，也对不起自己刚才在产品上消耗的时间。对待这类顾客，销售员首先要有耐心，明确他们犹豫的真正原因。但这还不够，毕竟销售员的时间也是有限的，所以为了尽快促成交易，就要想办法让对方尽快拿定主意，而最有效的办法就是给对方提建议。

柳思是一个保险推销员，看看她是如何向犹豫不决型顾客提供建议的。

柳思："真巧啊，你想买的这款保险产品和我去年买的一模一样。"

顾客："是吗？你们自己也买保险啊？"

柳思："是呀，我虽然是卖保险的，但人生中也难免有各种风险，而且这款产品确实不错，就买了。"

顾客："这个险种你们好几个业务员都给我讲过，但我还是不太放心。"

柳思："你有什么地方不清楚的，可以提出来，我再给你解答一遍。满意了你就买一份，不满意了回头再说，你看怎样？"

顾客："你们业务员说这个险种如果买五份，到期后给我五万，如果身故了，但还没到期，这个钱还有吗？"

……

顾客："如果按你这样算，似乎挺划算，但买了主险，还能享受其他保障吗？"

柳思："当然可以，而且还可以享受住院费和医疗补贴呢！"

顾客："但我拿你们公司的险种和其他公司的同类险种相比，还是感觉你们的收费较高。"

柳思："你说的没错，但你是否发现在保费额度方面，我们这个险种享受的优惠更大、更高呢？"

顾客："如果买了一年期的险种，没出意外，钱是不是就白交了呢？"

柳思："你要知道，保险和买彩票可不一样，出意外和中奖的概率都很低，但买彩票是为了得到那个很低的概率，买保险正好相反，就是要规避那个很低的概率。钱虽然花了，但健康、安全有了，这不正是你想要的吗？"

顾客："你说的没错。不过我现在身体很健康，买保险会不会有点杞人忧天或者太早了？"

柳思："去年我的一个顾客，本来打算给自己孩子上保险的，后来也是出于和你相似的想法，结果没有及时上，最后孩子因为车祸出了意外，在医院里住了两个月，花了三万多。如果他们当时及时给孩子买保险了，其中的两万块都可以报销。这样，大姐，你看我们已经有很多业务员跟你沟通过了，你和我们公司也算是有感情了。你不妨先买一份看看，感觉不错就帮我们做个义务宣传。另外，你以后也不用天天为这个事情操心了，可以安心做你的工作了。怎么样？"

顾客："那好吧，就按你说的办。"

犹豫型顾客一般会有很多顾虑、疑问，所以拿主意总是显得很难。销售员要抓住任何一个机会，向顾客提供自己的建议，并建立信任，必要的时候可以强势一点帮助顾客做决定。当然，给建议、做决定也不可信口开河，而是要具体情况具体分析，下面就是一些实用的方法：

1. 顾客犹豫不决时，建议对方先买一点试试

有些顾客可能在销售员的宣传下，对产品有些兴趣，但对质量、实用性等关键部位、核心功能信心不大。销售员此时不妨建议顾客先少买一点。只要产品本身没有问题，虽然刚开始销量少，但是日后会稳步提升的。

2. 顾客挑产品时，帮助他选

有些顾客购买产品的意愿很强烈，而且总喜欢东挑西拣，对产品颜色、规格、型号等格外挑剔，但一到交钱或者签单的时候，对方总是磨磨唧唧。面对这类顾客，销售员需要改变策略，先不要和对方谈钱和订单的问题，而是在对方挑拣的时候，非常热情地和他们一起“挑剔”。这样，等你们忙完了，顾客看在你热情、辛苦劳累的份上，也不好意思再拖延了。

3. 顾客征询意见时，适当采用反问式的回答

有时候顾客提到的产品正好没有，销售员不妨采用反问的方式促成交易。比如顾客问：“你们这边有粉红色的电饭煲吗？”此时，销售员最好不要直白地告诉对方没有，可以反问：“你是特别喜欢粉红色吗？”“如果没有粉红色，你觉得白色、棕色、红色的你更喜欢哪一个？”这样的反问，既可以挖对方的需求，也可以给对方提供一个选择，有利于促成交易。

4. 主导顾客思维

不管顾客是提出了自己真心不懂的问题，还是有意刁难，销售员都要拿出自己的专业态度去应对，时刻主导顾客的思维，不能被对方牵着鼻子走。另

外，销售员在回答和产品相关的问题时，思路一定要清晰，不能有含糊其辞、糊弄过去的想法。

5. 快刀斩乱麻

如果以上几种方法都不能打动顾客，就要用撒手锏，直接要求顾客签单。比如拿出故作轻松的状态，对顾客说："我已经尽力了，如果愿意购买，就你掏钱，我给货；如果还是不确定，那也没办法，我还要做别人的生意。"

犹豫不决是很常见的心理现象，即便购物不涉及大的决策，但很多顾客已经养成了习惯。他们之所以犹豫不决，从心理学角度讲，是缺乏某种安全感，所以销售员要通过建议、承诺等给予信心。顾客的信心有了，安全感足了，成交自然就顺了。

音乐，不只是营造舒适的购物环境

曾几何时，你是否想过音乐同购物之间有什么内在的联系？现实情况是，现在不管是走在嘈杂的大街上，还是坐在舒适咖啡馆里，都有音乐相伴，好像音乐本身就是我们这个城市的精髓。

肯定有很多顾客因为背景音乐声音过大，或者节奏过快，而对其感到厌烦，甚至因为背景音乐过于吵闹而放弃购物。尽管有这种情况存在，但是大部分顾客还是希望在消费场所听到音乐，甚至有调查显示，96%的消费者认为商业背景音乐对吸引自己购物或消费有益。关于这一点，有一个最新的研究显示，不论是点菜还是买东西，放不同的背景音乐，都会对顾客的购买行为产生不同程度的影响。

澳大利亚科廷大学等机构的研究人员曾邀请一些志愿者参与了三项试验：

第一项试验是关于吃的。他们给志愿者循环播放来自美国、中国和印度这三个国家的特色音乐，随后给他们一份菜单，上面有分别来自这三个国家的三十道特色菜，每个国家各十道，要求志愿者在五分钟内看一遍。

随后进行的测试显示，志愿者能回忆起来的菜品，多是在上菜单之前那一刻所播放的音乐所属的那个国家的。在志愿者被要求点一道菜的时候，他们也更倾向于点这个国家的菜。比如上菜单之前正好在放中国音乐，那么志愿者就会更倾向于点豆腐和饺子等在中国流行的食物。

第二项试验则对比了古典音乐与乡村音乐的不同效果。播放古典音乐时，志愿者表示更想买能展示“社会地位”的商品，比如香奈儿腕表或雅诗兰黛化妆品等。播放乡村音乐时，志愿者更倾向于买“实用物品”，比如记事本、牙刷、水杯等。

第三项试验测试了音乐对人们的影响程度。试验中播放的是古典音乐，志愿者在不同的时间压力下决定是否购买商品，结果显示，被要求在更短时间内做决定的志愿者，更倾向于做出购买的决定。这说明在时间压力下，音乐更容易通过潜意识而发挥作用。

通过这个实验，我们也可以看出，背景音乐对商家而言绝非可有可无的装饰品。或许顾客出门只是想买件衣服，结果在商场里听了会儿背景音乐就买了枚金戒指，这种事发生的概率不大，但只要顾客群体每人每天在音乐的熏陶下稍微多买一点东西，那对商家而言也是不菲的收入了。

基于音乐本身的魅力以及卖场音乐对顾客的吸引力，它已经成为商家在设计规划阶段开展的最基本的一项工作。好的音乐不仅可以点缀卖场气氛，还能够为顾客营造舒心的购物体验，最后即便顾客离开了，也会给他们留下美好的回忆。

不同的卖场，背景音乐差异会很大。比如咖啡馆里适合播放柔和的音乐，商场里逢年过节都会播放喜庆欢快的音乐，一些沿街的商店多会播放比较流行的音乐，主妇经常光顾的打折市场适合播放一些歌谣，百货商店里的名牌店铺适合播放古典音乐。

不同节日播放的音乐最好也和节日的主题相呼应，比如情人节播放张学友的歌，父亲节播放筷子兄弟的歌，儿童节就播放一些能唤起大人回忆的经典儿歌。除了节假日，不同时段最好也播放不同风格的歌曲。高峰期播放流行的轻快音乐，中午播放缓慢的休闲音乐。另外，最好多储存一些不同风格的音乐，比如流行、摇滚、怀旧、古典等，轮流滚动播放，这会比一直播放同一类音乐更能打动顾客。

开店和打烊是商家每天必经的两个阶段，播音乐，有迎宾送客之意，做好了，可以成为顾客的谈资，相当于在为商家义务做广告。开店的音乐，风格要以激昂、流畅为主，最好选择几首经典的、让人记忆深刻的，用作长期播放。这样，顾客一旦听到这样的音乐，就会形成条件反射。

对音乐节奏的控制，欢快和抒情类可以作为首选，节奏缓慢和伤感类的音乐，选择时一定要慎重，否则播出后会起到相反的效果。在对音乐类型和风格的选择上，不妨尝试着把一些用于演唱会的音乐放在高峰期播放。另外，欧美、日韩经典歌曲也可以考虑放进播放列表，这样可以提升卖场的品位和时尚。

卖场平时播放的音乐既要精益求精，优中选优，也要注意定期更换。正所谓“流水不腐，户枢不蠹”，音乐对顾客的熏陶同样如此。时刻让顾客在同一个地点购物的过程中体验到新鲜感，他们也就越愿意成为这个卖场的常客。总之，音乐对顾客购物有着非常积极正面的影响，不管是商家领导，还是普通销售员，都应该利用好顾客对音乐的偏好。

谦卑的姿态让顾客享受心理上的满足

俗话说："满招损，谦受益。"但现实生活中，人得势或者处于优势地位时，往往会表现出高高在上、盛气凌人的样子。尽管这种姿态很招人反感，但是仍有人喜欢通过这种方式向他人暗示诸如"我就是比你强"等观点。特别是那些处于上层社会的人，在潜意识里更希望受到他人的尊重，希望对方比自己低一头。既然顾客是上帝，那么销售员完全可以在不违背原则和不损害尊严的情况下，向顾客表现出一种谦卑的姿态。事实上，销售员这样做的边际成本几乎为零，但所带来的边际收益却很大。所以，精明的销售员都很擅长在顾客面前表现出一种谦卑的姿态，以博取他们心理上的满足。

谦卑的姿态并不是要虎头蛇尾或者弄虚作假，更不能因为看到生意马上就成了而飘飘然。只要顾客没有签合同，对方的钱没有掏出来，生意都不算成交。另外，销售员与顾客之间并非简单的利益交换，因为顾客要购买产品，除了物质上的享受之外，还希望获得好的后续服务或者未来合作的潜在可能，所以不管是销售员还是顾客，都希望建立一种可靠的、牢固的长期关系。这样说来，销售员其实不仅仅是在推销自己的产品，还是在推销自我，而谦卑的姿态是连接顾客与销售员之间关系的最好纽带。

童欣是某建筑公司的销售经理，一年前，这个建筑公司承包了一项工程。

工程按照预定计划进展得很顺利，谁料在即将完工的时候却出现了意外。原来，负责内部装修的承包商因为人手不够，突然宣布无法按期完工。这样一来，整个工程就要延期，到时候给公司带来的损失将会很大。

最后，双方各派出代表就此事展开交涉，童欣就是自己公司的全权代表。通过刚开始的电话沟通，童欣已经感觉到这位承包商的老板是个很势利的人，为了高利润，竟然背信弃义去和另外一家公司合作。不过，为了大局，童欣明白不可以把关系搞得太僵。在正式谈判的当天，为了营造一个轻松愉悦的谈判氛围，童欣特意不和对方就事论事地争论，反而谈起了与项目无关的话题。

话题谈到高潮的时候，童欣笑着说："来之前，查阅贵公司资料的时候，无意间发现原来你们是一个家族企业啊。不简单啊！"

承包商略感意外，但还是兴致勃勃地接过话头，如数家珍地笑着说："你知道吗，这个企业是我爷爷创办的，到我这里已经算是第三代了。"

童欣附和着说："这个我还不知道，以为是你创立的呢！"

随后，承包商滔滔不绝地谈起了自己家族企业的创业史，童欣一点也着急，而是非常耐心地听对方讲，还时不时地点头表示赞许。等对方说完后，双方的关系明显融洽了许多。不过，童欣仍然没有说正事的意思，反倒说："听说你们工厂是咱们城市最大的玻璃供应基地，包括很多外省的大工程都是从你们这里提货的。"

承包商一听，更乐了，兴奋地说："公司是我一生为之奋斗的事业，所以各方面要做就做最好。"

童欣接着问道："能到你们工厂参观一下吗？"

承包商欣然答应，还亲自带着童欣到了工厂车间。参观的过程中，童欣不止一次地夸赞车间的秩序井然，设备精良，还时不时地用手触摸，并向他询问、请教。

中午，承包商请童欣吃饭的时候说道："很多人都想要我的材料，但还没有人像你一样，对我们的车间、设备如此感兴趣。"吃到一半的时候，童欣顺口提到了工程供应的事，承包商说道：“其实我早知道你来的目的，本来是不打算和你们合作了，但没想到咱们会如此投缘。这样，我们之前承诺的什么时候完工，不拖一天，答应提供的装修材料，也不会存在半点问题。”

第二天，承包商就把短缺的材料补上了，而且还增派了装修的人手。

吃饭之前，童欣对供货、装修的事情一字未提，但这期间他所表现出来的谦卑姿态给客户留下了非常深刻的印象。这就是巧妙利用谦卑的一种策略。能够亲切地和他人说话是一种能力，可以从中获得不可思议的乐趣，重要的是还可以让顾客享受心理上的满足，促成交易。有些销售员刚开始做业务还可以保持谦卑的姿态，但是随着业务的发展、身份的提高，渐渐有了指手画脚、居高临下待人的习惯。其实，不管顾客的素养、学历、长相如何，也不管自己是登门拜访还是在办公室面谈，销售员最好都保持一定的谦卑。对顾客而言，最大的心愿就是花钱买产品或服务以满足自己的需要；对销售员而言，最大的心愿就是成交。所以，凡是有利于成交的手段，只要不违背法律、道德和原则，那就把它做到极致。当然，谦卑也是有度的，要具体情况具体分析，不能眉毛胡子一把抓，见谁都无底线地盲目谦卑。如果他人对你的谦卑感到肉麻了，你也会感到尴尬，那么谦卑的效果就适得其反了。

暗地里的优惠，顺应顾客爱占便宜的心理

在激烈的市场经济环境中，销售人员该如何将更多产品高效地卖给顾客呢？其实只要用心去探索，会找到很多种方法，其中最为常见和有效的方法之一就是暗地里优惠，让顾客感觉到自己受到了特殊关照。

董胜和乔欢是夫妻俩，平时买菜做饭都是妻子乔欢负责。一天正好周末，外面天气也不错，董胜决定和妻子一起到附近的菜市场买菜。买肉的时候，董胜跟着妻子，顶着人群，绕了好大一个圈才走到一个肉贩那里。其实，刚才离他们很近的地方有卖肉的，而且董胜还提醒了妻子，不过妻子没说什么，只是径直往这个肉贩那里走去。

肉贩看见乔欢过来了，就像是碰到了老朋友，笑着问："今天还带了一个保镖啊！怎么样，今天来点什么肉？"

乔欢说："这是我老公，平时不怎么出来买菜，今天在家里没事，就出来溜达溜达。给我来半斤梅花肉吧！"

肉贩压低声音对乔欢说："今天的梅花肉是前两天的，不是很新鲜，我建议你买五花肉，这可是今天刚到的货。你要是要的话，我还是按照以前的价格给你。"

乔欢说："那好吧，就按你说的，来半斤五花肉吧！"

看完妻子买肉的经过，董胜心里很纳闷，问道："刚才那边也有卖肉的，你怎么不挑不拣就径直来到这里？"

妻子把嘴巴凑到董胜耳边，悄悄说道："我是这里的老客户了，老板也很照顾，每次都打九折。而且不管是在肉的质量上，还是斤两方面，从来没骗过我，所以我信得过他。"

话刚说完，肉贩已经把装好的肉递给了乔欢，而且最后还顺手把一块多切出来的瘦肉也添加到里面了。此时，董胜算是明白妻子葫芦里到底卖的是什么药。

俗话说："亲兄弟，明算账。"商家和顾客一不沾亲，二不带故，凭什么给你优惠和好处。答案只有一个，那就是通过这种方式，销售员能从顾客那里赚取更多的利润。当然，很多顾客也明白这个道理，而且有的商家的优惠程度很小，但顾客还是经不住诱惑，感觉自己是被特殊关照的个例。

事实上，顾客的这种心理很容易理解。购物时，顾客不仅在意产品本身的价格，还会注意观察别人购买时的价格。如果同一件产品，自己买的价格比其他人便宜，顾客就会很开心，感觉自己受到了特殊关照，捡了个大便宜。所以，哪怕只便宜一点点，他们也会果断地决定购买。相反，如果销售员以最低价把产品卖给一个顾客，那么另一个顾客即便也以同样的价格买了，仍然会觉得自己只是普通大众的一员。

随着市场竞争的日趋激烈，很多商家都通过"清仓处理""挥泪甩卖"之类的标语来吸引顾客。有些商家类似的标语一贴贴半年，一喊喊四季，但被这类标语吸引的顾客仍然很多，说明它确实是起到了效果的。但是，这种方式只能吸引陌生顾客，要想以小成本吸引更多回头客，最佳的选择还是"暗地里优惠"。例如下面这个例子中，销售员就巧妙地利用了这种技巧：

黎平在市中心的一座商场里经营着一家商店。一天，有位中年妇女走了进来。

黎平："你好，欢迎光临，请问你需要点什么？"

顾客："我想买个电饭煲。"

黎平："哦，那你喜欢哪个颜色的？"

顾客："白色的吧！"

黎平："你说的这一种款色是销量最好的，你眼光真不错。"

顾客："多少钱？"

黎平："450元。"

顾客："好像有点贵呀，能优惠吗？"

黎平："一看你就是行家，不过我给你的价格已经是很合理的了。"

顾客："你要是能再优惠点我就买，不然的话，我还要再考虑考虑。"

黎平："这样吧，我看你也是诚心想买，要不我送你一袋面粉怎么样。不过你可别告诉别人啊，就当是我给你的个人优惠吧。"

顾客一听黎平这样讲，就感觉别的顾客肯定都没有送面粉，自己算是捡了一个大便宜了。最后，顾客抱着电饭煲，提着面粉，高兴地离开了。

其实那个面粉是他们商店做活动免费赠送的，黎平只是换了一种方式给对方罢了。这种暗地里给顾客优惠的方法，不仅顺利地促成了交易，还让顾客感觉自己享受到了特权，下次八成还会再来。

这种暗地里优惠的方式固然好用，可以给顾客带来一些心理上的满足，但不能无的放矢。特别是在价格方面，如果前后差价很悬殊，顾客肯定会怀疑。另外，送给客户的小优惠，既要让对方尝到甜头，也要让对方感觉合情合理。

挑逗顾客的好“色”之心

美国一家研究机构的调查显示，人们在挑选商品的时候会普遍遵循一个“7秒钟定律”，比如面对琳琅满目的商品，大家其实只需要7秒钟就基本确定对这些商品是否感兴趣。在这短暂而关键的7秒钟内，色彩的作用占到67%，成为决定人们对商品好恶的重要因素。无独有偶，美国营销界也总结出“7秒定律”，即顾客会在7秒内决定是否有购买商品的意愿。商品留给顾客的第一印象可能引发消费者对商品的兴趣，进而吸引他在功能、质量等其他方面对商品做进一步的了解。如果商品的视觉感不强，顾客内心的排斥感就会自行启动，更不会去了解商品的功能了。所以商家如果在设计方面敷衍了事，失去的将不仅仅是一份关注，更是一次商机。

黄友光在南京一条商业街的黄金地段开了一家饭店，虽然饭菜可口，服务也很周到，但生意一直比较冷清，就连周末也不例外。有时候看到一些顾客明明在打听吃饭的地方，但一进入店门，还没咨询就掉头往外走。一次，黄友光和一位在大学教书的朋友谈及此事，说打算找个算命先生看看，到底是怎么回事。这位教书的朋友觉得黄友光的想法不靠谱，就决定实地考察一下，看看问题究竟出在哪里。

到饭店里还没开始仔细看，这位朋友就已经感觉到了问题所在。耐住性子在饭店里面逛了一圈后，他发现饭店的墙壁、地板、桌椅都是偏红色的。看完后，这位朋友告诉黄友光："你们饭店的红色太多、太艳，这种颜色本身的冲击力就很强，顾客看见大量的红色会心情烦躁。"

黄友光听后大悟，没过多久就停业对饭店的室内装潢做了新的设计，以前凡是红色的地方都改为浅绿色，而且餐桌用品、地板也都换成了绿色。不过，后来在营业中又出现了新的问题：顾客消费完毕，都不肯离去，大大影响了餐桌的使用率。黄友光特地去请教了一下那位教书的朋友，朋友反问道："我只说了墙壁，没说让你连餐桌、地板也换成绿色的呀。"黄友光回去后又照朋友的意思将店内设计做了进一步的完善，结果生意顿时红火起来。

原来，餐桌保留红色是为了促进顾客的食欲，但如果看的时间久了，就会变为令人烦躁的"火"，顾客自然就会乖乖地离开了。

通过这个例子不难发现，巧妙运用组合色彩对形成特定的氛围空间会起到极为积极的作用。所以，销售人员在卖场中要特别重视色彩因素对顾客视觉传达的意义。比如对物品的摆放、布置既要重视细节，也要做好整体色彩规划。有诱惑力的色彩规划不仅看起来协调，而且还有层次感，让进入卖场的顾客有购物的冲动，消费的欲望。一个色彩规划平淡、无新意的卖场，很容易让顾客产生审美疲劳，所以他们的钱包再鼓，也不会有购物的激情。

色彩搭配不是毫无规则的混搭，而是有自己的原则：

1. 用色彩增强顾客对产品的记忆力

如果拿文字和图片相比较，人们对图片的记忆会更深刻，当然，如果图片上出现有独特搭配的色彩语言，就会为图片在大脑中的储存记忆增加超过一半的机会。销售人员如果恰到好处地运用色彩，就会对顾客的视觉造成强有力的冲击，而这本身就会在顾客脑中形成一种强势的语言。比如京东的logo，采用红底白字外加一个名为Joy的金属狗，色彩对比鲜明，而且搭配合理，让顾客看后留下极为深刻的印象。

2. 利用色彩增加产品的附加值

即便是同一款产品，如果色彩多了，顾客的选择性自然也就多了，所以说色彩具有低成本、高附加值的功效。国际流行色协会的调查显示，在不增加成本的情况下，只通过改变颜色就可以为产品增加10%～25%的附加值。我们经常会在繁华地段的小商铺里看到色彩丰富的小饰品，即便样式大同小异，但仅凭这些色彩冲击就够顾客心花怒放了。当然，最重要的是这些色彩可以增加顾客的选择，刺激他们的消费。现在很多大的商家品牌也都会在产品颜色上下功夫来增加自己的附加值，比如成功入围世界绿色设计论坛博洛尼亚峰会“2015IDF国际创新奖”名单的“金罐加多宝”，为了体现销量夺冠，推出金罐，并打出“怕上火，喝金罐加多宝”的广告。最后，“金罐”不仅赢了设计，还赢了口碑，更赢了市场。同样，哈药集团生产的双黄连口服液为了突出自己，打出“三精口服液，我选蓝瓶的”的广告，正是运用了顾客对色彩的敏感来提炼自己产品的卖点。现如今，不管是金罐加多宝，还是蓝瓶三精口服液，都成了大江南北、妇孺皆知的广告词了，这对企业而言，都是无法估量的附加值。

3. 运用色彩引起品牌的情感共鸣

色彩本身除了会给消费者带来深刻的视觉印象之外，还能够引发他们强烈的情感共鸣。比如，绿色有让人冷静的情调，蓝色有令人抑郁的特点，红色有令人兴奋的效果。瑞士的雀巢公司曾经做过一个有趣的试验，设计师将同一壶的咖啡倒入绿、红、黄三种颜色的罐中，让多人品尝，结果品尝者都觉得黄色杯子的咖啡味道偏淡，绿色杯子中的咖啡味道有点酸，而红色罐中的味道最好。最后，雀巢公司采用红色罐来包装咖啡，果然在市场上赢得了广泛的好评。

不同性别、年龄的顾客对色彩的感觉会有很大的差异，比如女性顾客和儿童对色彩更敏感，因此针对他们的商品更要注重色彩的搭配应用。

总之，不管是商品本身的色彩，还是包装、购物环境等，如果搭配适宜、合理，都会对顾客产生强有力的吸引，进而让他们对产品本身产生好感，并刺激他们消费。作为销售者，要学会在色彩上做文章，巧妙迎合顾客的好“色”之心。

在讨价还价中满足顾客的征服感

讨价还价不管是对顾客来说，还是对销售人员而言，都是常见的事情，不过，与其说顾客喜欢讨价还价，不如说他们更喜欢自己作为“上帝”从讨价还价的过程中所获得的满足感、征服感。在人们潜意识里，都会觉得销售人员能说会道，所以战胜销售人员，这种征服感更强烈。因此，销售人员在推销产品、卖东西的过程中，要学会利用顾客的这一心理诉求，与顾客议价时，找到一个大家都可以接受的平衡点，实现买卖双方的共赢。

那么，实际操作中销售人员该如何让顾客获得征服感呢？

1. 高报价，预留浮动空间

讨价还价貌似是一件简单的事情，但在实际操作中却有很多技巧、方法。美国前国务卿基辛格曾经说过一句非常经典的话：“销售谈判的最终结果取决于你的实际要求夸大了多少。”这句话固然有点夸张，但也道出了销售谈判的核心。所以，只要销售者敢于理直气壮地报价，那么顾客就会觉得你的产品货真价实，当然，前提是你报的价格不能太离谱。这样，顾客在购买产品时，会觉得合理价格是自己通过努力争取来的，并以砍掉的价格作为自己满足感的心理筹码。相反，如果销售者一上来就给顾客报底价，就算你再天花乱坠地承诺，顾客也会在心里产生这样的反应：既然没有回旋的余地，那么就没有买的必要了。低报价固然是好心，但是一来你没卖出去产品，二来顾客没捡到便宜，所以只能算是“坏事”。

张女士在商场的一家鞋店里面看中一款凉鞋，便问道：“你好，这双鞋怎么卖？”

销售员：“您的眼光真好，这款鞋是今年最流行的，才380元（底价200元）。”

张女士：“怎么这么贵啊……”

顾客最终只愿意出280元。

销售员：“280元我就赚不到钱了，你看一下这鞋的款式、皮革质量，都是非常精良的。再者说了，我们这里从来不卖杂牌鞋，所以这些货都是名牌商品，你出280元确实太少了。”

顾客：“280元已经不少了……”

销售员又故意僵持了一会儿才说：“这双鞋你刚才也试过了，确实挺合脚的，我也看出来你确实是想买的，要不我们各退一步，你再加20元凑个整数，300元怎么样？你觉得好，下次再来，就当是我降价买个回头客了。”

顾客：“那好吧。”

在销售谈判中，如果顾客问价，先开出一个较高的虚价，可以为后面的谈判预留空间。当然，虚价一定要在合理的范围之内，不能高得离谱。如果开价过高，成交价过低，顾客可能会有所警惕，即便价格商量好了，也会出尔反尔，最后不买了。另外，成交价不能和产品的底价相差甚远，这样可以防止有些顾客因为得知自己买贵了而引起价格投诉。

2. 不要过早让步

有句老话说的是“天上不会掉馅饼”，所以在和顾客谈价的过程中，不能毫无理由地做出让步。过早让步，会让顾客觉得你做贼心虚：如果不是产品有问题，为什么要这样做？过早让步，会让顾客在心里对商品的价值打折扣，这会抵消掉从销售员那里“谈”来的价格差，自然也就没有什么征服感。

通常情况下，一些没有经验的销售员会这样和顾客谈价格：

“这个包多少钱？”

“280元。”

“能便宜吗？”

“如果你真的想要的话，那就230元吧。”

买卖双方在议价的时候，其实就是在进行一场心理博弈，必须遵循一个简单但很重要的原则：不要单方面过早让步，否则在接下来的谈判中就会陷入被动。上面这个例子中的销售员降价是很鲁莽且没有任何道理的，因为顾客只是随口问了一下，究竟是否想买还不清楚。销售员随口降价就是在间接告诉对方自己的商品标价水分太高，此时，顾客要么掉头就走，要么狠狠地砍价，最后吃亏的还是销售员自己。

顾客既然问能否便宜，如果销售员直接拒绝会显得很没有礼貌，也会挫伤顾客购买的欲望。此时如果给顾客限定一个条件，比如说“如果你买两个的话，可以按照260元的价格给你”，顾客也会觉得你的报价合情合理。有了这个限定性条件，销售员的降价就不再是单方面的了，顾客也不会对此产生异议。当然，这种让步一般发生在顾客主动询问或者为了延续洽谈时，否则最好不要先让步。

3. 循序渐进地让步

销售谈判中，适度让步是完全可取的，但让步必须遵循一定的步骤，比如顾客第一次开价或还价的时候，不管其是否符合预期，都不要轻易接受，另外，后续的让步也要循序渐进，不能为了图方便，一步到位。议价的过程中进行微小的退让，会让顾客觉得这个销售员不死板，而且好像每一次退让都是为了顾客而做出的“巨大牺牲”。如果销售员不循序渐进，而是一步到位式的议价，就会让顾客产生怀疑。

有位顾客看上了服装店里的一套运动衫，就对销售人员说：“这件运动衫我是诚心想买的，你就便宜点，60块卖给我吧。”销售员说：“好吧，你既然这么爽快，那么就按照你说的价格吧！”听到销售员这种答复，顾客往往会产生两种想法：第一，比我还爽快，莫非这件衣服有什么问题？第二，答应这么痛快，看来我刚才报的价还是高了。不行，我还得想办法再降点。

刚开始议价的时候，销售员往往很容易忽视顾客的这种心理，从而造成销售上的失误。要明白，很多顾客第一次出价或者还价只是试探，销售员一旦接受，顾客就会得寸进尺，进而对产品或者服务产生怀疑。成交之前多让顾客经历些挫折，这样他们才会心情愉悦地购买你的商品。

一个优秀的销售员除了具备良好的口才之外，还必须具备一定的耐心，所以不要对顾客的讨价还价行为感到厌烦。在讨价还价的过程中，顾客会对销售员产生一定的信任，并对产品有了相应的认可，此时产品价值和价格之间的平衡点才会浮现，成交才会成为可能。如果销售员死守底线或者盲目变通，都会让顾客心有疑虑，也就不会产生所谓的征服感。

用限量刺激顾客的占有欲

对经济学略有了解的人都应该清楚，商品的价格主要取决于价值，但会受到供求关系的影响：当商品供不应求时，价格上涨；当商品供大于求时，价格下跌。现实生活中，有些商家靠出售廉价品积累财富，也有商家靠定制高端货赚取利润。

爱马仕是世界著名奢侈品品牌，已经有170多年的历史，其箱包、丝巾、领带、男女装和生活艺术品等十七类产品在世界高端市场广受欢迎。然而，让很多人大跌眼镜的是，其定价在7万到30万元的经典包款Birkin和Kelly长期处于缺货状态。据有关人士透露，为了买这样一款包，很多人要提前三五年预约。

其实，爱马仕的这种销售方式是为了保证商品的质量，但更重要的是，它也是一种巧妙利用顾客心理的营销策略。俗话说，“物以稀为贵”。一些高端奢侈品打出“限量发售”的牌子，其实就是向顾客传达“物以稀为贵”的信息。这样，越是供不应求，越有利于凸显价值，也越有利于吸引潜在顾客。这种处于“饥饿”状态下的货物，最容易成为顾客的猎物。

当然，一般销售员很难接触像爱马仕这种高端的产品，但这不意味着就与限量无缘。现实消费领域中的限量无处不在，比如逢年过节或者重大赛事，像可口可乐、加多宝这样的饮料品牌都会推出“限量版”纪念罐装。限量对销售员来说是一种很高明的营销方法，一般会有如下好处：

1. 降低风险

对于一些创意性比较强的产品，全面投入市场前，都会先向市场投放少量产品，以达到投石问路的目的。这些限量的产品投入市场后，如果反响不错，再进行批量生产；如果没有反响或者反响没有达到预期，就暂时停产，并进行改进，以防止造成更大的损失。

2. 刺激顾客的消费欲望

经常在各类广告上看到诸如“数量有限，售完为止”之类的字眼。其实，这正是商家营造产品稀缺性的一种手法，事实上，很多顾客看到后，都会有种想去购买的欲望。

斯沃琪是一家瑞士的手表制造商，他们每推出一款产品五个月后就停止生产，这直接导致很多专卖店经常会有顾客排队购买的现象。有时候，那些非常渴望得到这款手表、但没买到的顾客，不得不进入拍卖行参加竞拍。斯沃琪原本只是一般时尚品，依靠这种策略，很快成为经典时尚品牌。它不仅满足顾客的实际期待，还成为很多收藏爱好者追逐的珍品。

当然，随着时代发展，商品竞争日趋激烈化，人为制造短缺也会存在一定的风险。所以，要限制某个产品的销量，就必须保证该商品具有其他同类产品不可替代的优势。也就是说，限量的产品，必须在设计、材料、做工方面，与其他同类产品有明显的差异，能满足顾客为得到它不惜花高价的期望。

抓住不同顾客的心理弱势

人各有所长，心理弱势也各不相同。对于销售员来说，针对不同顾客的心理弱势，有针对性地采取对策，才是高效劝服顾客购买产品的良策。确定顾客的心理弱势，有多种分类标准，但是现在较为普遍的一种是根据顾客的购买态度来判断。正如我们经常说的“态度决定一切”一样，顾客的购买态度也是影响他们购买行为的主要因素。从这个角度去分析，可以将顾客分为以下几类：

1. 理智型顾客：要专业

理智型顾客在购买产品前，一般都会广泛收集相关信息，并在同类产品之间进行较为详尽的比较。等这些信息都了解到位了，才会做出购买决定。这类顾客的思维一般较为冷静，很少受到销售员的引导。

面对这类顾客，很多销售员会感到无解，索性就顺其自然地发展，其实这是一种惰性心理。也有些销售员不甘心，就把营销策略定位在对产品的包装、广告等华而不实的信息大肆渲染，结果发现顾客依然不为所动。其实，销售员没必要在这类顾客身上耍太多心眼，只要把自己对产品的专业以及对顾客的专注发挥到平均水平以上，就可以赢得他们的“芳心”。

汤芳所在的公司主要生产各种化学原料，一次山东菏泽的一个农药厂正好

需要一批化学试剂，公司便派她去前去洽谈这项业务。刚开始，汤芳就想按照传统的方式“游说”对方，结果沟通了好几次，单子也没有签下。尽管汤芳已经告诉这家农药厂的老板，说他在当地的几家同行用的都是自己公司的产品，该老板还是不为所动，最后汤芳败下阵来。

不久，汤芳的同事李杰接手了这笔业务，他先是从汤芳那里了解了一下上次失败的经过，又根据其中的细节勾勒出顾客的类型，便决定改变策略。去之前，他把产品的各项说明资料准备充分，与顾客见面后，他说的重点也主要放在技术方面的讨论上，针对顾客的各种疑问，他回答得有条不紊。最后，只面谈了两次，这笔生意就做成了。

对理智型顾客而言，不要以为同行已经购买过你的产品，他们就会买单。事实上，即便是身边的朋友购买了你的产品，他们在购买前也会认真分析。鉴于此，与理智型顾客接触，不能操之过急。除了表现自己对产品的专业之外，始终保持对工作尽责的态度以及对成交矢志不渝的信心，对方就可以感受到你的专业、热情，他们的心扉最终也会向你敞开。

2. 冲动型顾客：要奉承

冲动型顾客最大的特点就是情感外向，随意性较强，所以其购买行为也容易受到广告、氛围、服务介绍等诱导和影响。面对这类顾客，销售员要注意观察他们的情绪，时不时地说些赞美、奉承的话，让他们的心情始终保持愉悦，成交就会水到渠成。

有位身材苗条的年轻女士在郝彤经营的服装店里试穿衣服，结果试了五六件仍然没有选到满意的。郝彤做服装生意好多年，算是老江湖，一眼就看出这位女士属于冲动型购物的顾客，便在一旁打趣说：“你穿这件衣服不太适合，因为它没能把你完美的身材完全展现出来。”

年轻女士一听这话，脸上的表情顿时有了变化。只见她直起身子，重新在镜子里审视自己，表面上是在看衣服，其实是在观摩自己的身材。此时，她发现自己原来如此令人赏心悦目，而自己刚才还在嫌弃的衣服上的问题也消失不见了。顾客嘴上没说，但脸上的表情以及附带的一系列微动作已经把她的心理给出卖了。郝彤见此情形，又赞许道：“你刚才试过的第二件其实蛮适合你的身材的，而且衣服的颜色和你的头发的颜色非常搭配。”

年轻女士说道：“你说的确实不错，我刚才也是对那件衣服比较满意的，穿在身上感觉一下子恢复了活力。要不你帮我装起来吧，我再看看别的衣服。”

冲动型消费的顾客，一般没有自己的主见，所以销售员在对他们进行奉承、赞美时，不要忘了给他们提供一点小建议。另外，需要注意的是，冲动型顾客购买意愿的实现过程往往很短，所以销售员必须把握住他们的“热度”，速战速决。

3. 习惯型顾客：要疏导

习惯性购物是指顾客按照个人对品牌的偏好进行定向购买的行为，比如有些顾客对耐克情有独钟，所以买的运动鞋都是这个牌子的。这类顾客的购买习惯一旦养成，就很少会受到其他广告宣传的影响。他们因为长期使用某个品牌的产品，从而有了信赖感或者情感，便按照习惯重复购买。

对销售员而言，如果明知顾客是习惯型的顾客，还一味地向他们灌输广告语，无休止地促销，无异于自杀式推销。习惯的力量就像潮流、洪水一般，很强大。硬堵堵不住，放任亦不行，最好的办法就是疏导。所谓疏导，就是给顾客一个全新的、在其习惯性消费的产品身上无法体现的购买理由。

张翔在一家专业生产沙子的工厂做产品部经理，一次在拜访顾客的时候路过一家建筑工地，得知他们十多年来用的都是某一家工厂的沙子。放在平时，他可能就放过去了，但这次眼看就到年底了，结果他们部门的年度业绩完成量还差两成。抱着试一试的心态，张翔在返程的时候，特意来到这家建筑工地，也顺利地见到了采购沙子的业务经理，无奈，被拒绝了。回公司的路上，他反思了一下自己的言行，觉得并没有不合理之处，便觉得问题可能出现在对方身上。想到他们已经连续购买另外一家工厂的沙子长达十多年，里面肯定存在着习惯性消费的倾向，张翔决定改天再去一次，并且用另外一种方式说服对方。第二天，张翔早早地赶到了建筑工地，见到昨天的那位业务经理。这次，他什么话也没说，就从皮包里取出一个小袋子，往地上倒，结果顿时尘土飞扬。站在一旁的经理被呛得连忙捂住鼻子，问道："这是干什么？"张翔从容地说道："这是你们现在正在用的沙子，刚从工地那边取来的。"接着，他又拿出一个小袋子，倒出来的同样是沙子，但没有飞扬的沙尘。"这个是我们工厂生产的沙子，这样做是为了让你对比着看一下。"就这样，对方的采购经理接受了张翔的订单。

有时候，顾客的消费习惯并不合理，但他们又不自知。此时，如果用一种全新的视角来展现自己产品的差异化形象，或许会博得对方好感。一旦对方认可了你的产品，同样会对你的品牌形成一种持久性、习惯性的消费。

4. 选价型顾客：要优惠

选价型顾客一般都以物美价廉作为自己购买决策的首要判断依据，所以他们除了对产品的质量有所关注外，对其价格更是格外敏感。面对这类顾客，销售员比较实用的做法就是促销、降价或者赠送一些小礼品等，以保障整个销售任务的完成。

商场里，销售员经常遇到如果不降价，顾客就不购买的情况。于是销售员也形成了自己的策略，比如告诉顾客"这可是清仓处理的，都不挣你钱的""快下班了，我就少挣点，不过你可别告诉朋友是这个价钱买到的啊"，结果顾客自认为独享了低价的优惠，满意而归。其实不管顾客再怎么刁难，精明的销售员总会找到合适的方法，让顾客以为享受了优惠。

选价型顾客一般对产品的真实价格并不怎么关注，他们只是想买自认为最实惠的物品，所以销售员要善于抓住这类顾客的软肋，巧妙说服。另外，在选价型顾客中，还有一种比较特别的群体——选高价型顾客。他们一般对低端产品都比较排斥，而且坚信一份价格一分货，所以为了追求品质，往往倾向于选择价位高的产品。所以，对待这类顾客，销售员的思路要从“优质低价”向“优质高价”转变。

当然，顾客的行为显然要比以上罗列的四项复杂得多，而且心理弱势也不局限于以上几项，但不管遇到哪类顾客，销售员都要主动迎合，了解对方的需求。只有明确顾客的心理，才能发现弱势；只有发现顾客的弱势，才能对症下药，销售工作也才能水到渠成。

CHAPTER EIGHT

第八章

有的放矢，顾客的行为特征须精确解析

顾客的行为心理固然不同于一般的产品，但销售员在解析的过程中，也需要学习工人对自家产品精雕细琢、精益求精的工匠精神。顾客行为既千差万别，又有章可循，如果不精准解析，就可能张冠李戴，或者眉毛胡子一把抓。销售员并非要在解析顾客行为心理学方面表现得多么专业，但至少应该对顾客行为有明确的界定，并对他们不同的消费心理有所掌握，这样，在销售的过程中才会有的放矢，不慌不乱。

识别成交的三种心理信号

人们经常把商场比作战场，可见它们在某些方面的确有诸多相似之处，所以战场上的某些逻辑、规律等也可以用在商场，比如孟子的“天时、地利、人和”之说。作为商业领域中的重头戏，成交自然扮演着非同一般的角色。所谓地利，重点在于商场的地段、布局等，比如市中心的超市肯定会比郊区的超市更赚钱；所谓人和，重点在于销售员的口才，比如一些精英级的销售员可以把顾客说的让对方觉得不买你的产品都不好意思，而且买了之后还会向你表示感谢；所谓天时，重点在于顾客的心境，也可以说是我们通常理解的所谓成交的时机。比如顾客一开始犹豫不决，任凭销售员怎么说也无济于事，最后顾客自己想通了，想买了，这便是天时。地利、人和不在本书考察的重点范围之内，所以暂且就天时（时机）展开详述。

时机貌似同销售员的口才、能力关系不大，但销售员如果也这么认为，并粗心应付，大意对待，那么时间一旦过去，机会便永不再现。一流的销售员都会明白，顾客购买的时机总是若隐若现，而且往往只有那么一瞬间。心理学有个词叫“心理上的适当瞬间”，指的是顾客与销售员在思想上完全达到一致的时机，也就是说某些瞬间顾客和销售员的思想是协调一致的，这就是成交的最佳时机。如果销售员未能及时发现，而顾客又不好意思直白表达，短暂的瞬间一旦错过，再次成交的机会就会渺茫。

销售过程中，销售员对“适当瞬间”的把握至关重要，太早或者太晚都会影响交易。其实“适当瞬间”的到来都会伴随着很多特征变化和信号，善于观察的销售员很容易就能感知到。一般而言，顾客的购买兴趣是逐渐上升的，并且当购买时机成熟时这种兴趣会达到一个峰值。顾客的这种趋向明朗化的心理活动会通过各种方式表露出来，也就是向销售员发出成交的信号。

成交信号一般会通过顾客的情感、行动、语言等表露，有些是无意间流露的，有些是有意为之，前者更需要销售员仔细观察。顾客成交信号大体上可以分为表情信号、行为信号和语言信号三种。

1. 表情信号

顾客的面部表情往往比较丰富，其中诸如眼睛注视、点头赞许、嘴角微翘等都表示他们内心的感受，也都在表明顾客的想法，故而均可以视为成交的信号。从一些明显的表情上，可以判断出顾客是抵制购买，还是急于购买。及时发现、理解、利用顾客的表情信号其实很容易，大部分都可以靠常识解决，具体做法就是仔细观察、体验，并积极引导。一旦捕捉到顾客发出的成交信号，就果断采取成交措施，往往会事半功倍。

销售员李彤在分享自己的经验时，提到过这样一种方法，就是利用“以便……”句型来塑造成交契机。她的方法很简单，就是每说完一项措施，都会附带“以便……”句式，随后说明有利于顾客的所有内容。比如：

“张经理，我们会在市场相对冷清的一个月内开个会，以便做好充分准备，等管制一取消，就立刻扩大这种产品的市场布局。”

“王小姐，希望现在就可以安排这件事，以便分公司更好地为你提供服务。”

运用这种句型非常有效，它不仅可以让顾客感受到销售员对自己的重视，还可以提醒顾客立即行动是最为有利的选择。所以，销售员不妨在实战中结合实际情况，多用一些“以便……”句型，看对自己的业绩提升是否有用。

2. 行为信号

所谓行为信号，就是顾客通过各种行为动作释放出的各种线索。这些信号一般会比较突然、隐晦，但它确实会告诉消费者，顾客已经做好了购买的决定。销售员一旦意识到顾客的这类信号，就要停止再谈论产品，为下一步骤做准备。

销售一般会遵循这样一个过程：销售员先询问顾客的需求，再推荐适应的商品并详述其优势，接着了解顾客对该产品的接受程度。有经验的销售员会在这一过程中仔细观察顾客的行为变化，并凭借直觉感知顾客什么时候打算购买。当然，现实生活中，很多销售员往往是说得太多，观察得太少，结果一再错失销售时机。比如当顾客比较友好或者对产品的兴趣很浓的时候，很多销售员习惯性地误以为只要把有关产品的所有情况都讲清楚了，顾客就会购买。其实，顾客的友好以及对产品表现出的浓厚兴趣本身就是行为信号，销售员此时应该做的就是直接问对方是否要购买。介绍产品固然重要，但是对有些顾客来说就是画蛇添足，说多了不定还会在哪个地方弄巧成拙。

3. 语言信号

有时候，顾客的语言会直接透露出购买信号，比如顾客问道：“这个型号的螺母有现货吗？”这是顾客表达购买非常直观的信号，说明成交的时机已经成熟，不用再费事。如果顾客再询价，说明兴趣极为浓厚；商讨价格，说明对方已经确定购买。

语言信号的种类繁多，有表示询问，有表示反对，也有表示欣赏的。不过，应该注意的是，语言信号也比较复杂，比如同样是反对意见，有些是成交的信号，有些则不是，所以具体情况还需具体对待、分析。语言信号整体而言还是比较直观、易懂的，所以销售员只要有意捕捉，还是非常容易促成交易的。

购买信号在成交的过程中至关重要，它不仅关联着买卖成功的概率，如果对策得当，还可以大大缩短销售时间，减少销售人员工作的时间成本，换句话说，也可以提高他们的工作效率。

了解顾客购买的心理动机

购买的心理动机就是促使顾客实施购买行为的驱动力，这种驱动力可能受到自身经验的影响，也可能受到成长环境文化或价值观的熏陶。比如口渴了，想买瓶水，经验会告诉你哪一款更适合你的口味、更健康；如果你饿了，想吃饭，那么北方文化熏陶出来的购买行为更倾向于选择面食，而南方文化熏陶出来的购买行为更倾向于选择米饭。心理动机直观上是在研究顾客，但根本上是说给销售员听的，毕竟只有当销售员对顾客的购买心理动机了如指掌，才能在促成交易的过程中游刃有余。

1．商品动机

有些顾客往往会钟情于某一特定品牌，所以会始终如一地购买此类产品，我们可以将他们的购买动机定义为商品动机。商品动机一般可分为理性动机和感性动机。前者指顾客购买产品前必须充分考虑其“实用性”，比如经常在电视广告中看到某一款电饭煲，得知其坚固、耐用，而且经济、实惠，才激发他们的购买欲望。后者指顾客购买产品的理由并不明确，只是一时冲动才买的，比如看到电视中某个自己喜欢的女明星在用一款洗发液，自己就去购买了。

理性动机一般包括品质优越、价格实惠、售后服务值得信赖等。与理性动机相比，感性动机有描写、暗示、联想等作用，因此动人的广告、华丽的陈列等，都会激起这类顾客不由自主的购买冲动。一般引起此类顾客强烈购买欲的心理因素包括：自尊心、野心、追求流行、不想输给别人、与众不同等。

2. 爱顾动机

有些顾客会对某一特定企业或商店里的产品情有独钟，所以会经常光顾那里购买各类产品，并成为他们的固定顾客，我们可以称这类动机为爱顾动机。从感情上分析，顾客之所以有这样的动机，是因为商店具有迷人的气氛以及扣人心弦的产品陈列等，或者说他们店里的服务态度很不错，给自己留下了深刻的印象。从理性角度分析，或许那里的产品质量优良、款式新颖，或者交通便利等。

3. 求廉动机

求廉动机就是指顾客以追求商品实用、价廉为主要目的的购买动机，具体表现在顾客对商品价格的格外重视。因为这类顾客对所购之物有着实用和廉价的双重标准，所以在购买过程中会进行反复比较，最后才决定是否购买。这类顾客的收入往往有限，所以希望将有限的收入支出到更多的产品上，以此来提高生活质量。

当然，这并不意味着求廉动机只出现在低收入顾客人群中，事实上，每一个阶层的顾客都有这类动机，只是表现程度不一罢了。总之，顾客的求廉动机不完全由他们的收入决定，也可能和他们的购买习惯、从事职业、所处环境等有很大的关系。

求廉动机大体上可以分为两类：购买高档产品后，常常在确定相关款式、品类后，希望少花点钱；购买低端产品时，对产品的花色、款式要求不高，只要价格低廉、实惠就会购买。

4. 求美动机

爱美之心固然人皆有之，但顾客的求美动机还略有不同，他们购买商品时的重点在于其美观、美感。这类动机的顾客主要集中于中青年妇女、文艺界人士，比如他们在衣着方面注重着装美，在家庭陈设方面注重雅观等。这类顾客并非不在意商品的使用价值，只是更在乎整体的美学价值，他们也是首饰、工业品、化妆品等购买的主力军。

随着市场经济的发展，生活水平的提高，顾客在购买商品时求美的动机会越来越强烈。所以商家在不断改进产品的外观和样式的同时，销售员也要研究美的潮流性和顾客的心理倾向性，以适应他们对美更高的追求。

5. 求新动机

求新动机就是顾客对商品、服务的时尚特色等为主导的购买动机。这类顾客在购物时，特别看重商品的式样、造型、颜色等，而且追求时髦，与众不同，对所有陈旧的、落伍的式样都嗤之以鼻。在购物时，这类顾客受社会环境、广告宣传和潮流导向等影响很大，对商品的潮流性和时尚性看得很重。他们容易接受新思想，也会很快融入新的生活方式。当然，求新动机的顾客主要以青年人为主。

6. 显性动机和隐性动机

顾客在产生消费需要的时候会引发两种消费动机：一种是顾客主观认识到并承认的消费动机，一种是顾客没有意识到或者不愿承认的动机。前者为显性动机，后者为隐性动机。比如顾客想买一辆奔驰汽车，认为自己看中的是奔驰的性能，这就属于显性动机。事实上，奔驰车作为高端、身份、地位的象征等因素，即便顾客不承认，也不能否认顾客有这方面的动机，这就属于隐性动机。在广告设计中，我们经常会看到赋予产品显性和隐性动机的例子，如下图所示内容：

广告中的隐性、显性动机分析

产品	广告语	动机分析
奔驰汽车	领导时代，驾驭未来	汽车作为一种交通工具，对所有的顾客而言都是显性动机，而汽车的品牌、价位等，因为凸显了顾客的地位、身份，所以属于隐性动机
百事可乐	新一代的选择	可乐作为解渴的饮料，对所有的顾客而言都是显性动机，但百事可乐所展示的年轻人更有活力，也渴望展现自己的活力，对年轻顾客而言，则属于隐性动机
海尔电器	真诚到永远	人们购买电器，首要希望一般都是质量，所以质量也可以理解为显性动机。海尔把顾客当朋友，以真心换真心，有了感情的介入，则属于隐性动机

不同年龄的顾客行为心理分析

销售员在销售洽谈过程中很容易就会发现，顾客的年龄对他们的购买行为有着非常明显的、直接的影响。不同年龄段的顾客因为兴趣、爱好、欲望、职业等不同，所购买的商品种类和结构等都会有较大的差异。如果销售员可以对不同年龄段的顾客心理有了一个宏观的把握，那么在具体的销售策略上就会游刃有余。

1. 老年顾客的行为心理分析

老年顾客一般的特征就是孤独、寂寞、社交圈子较小等。销售员在向这类顾客推荐产品时，他们一般会征求家人的意见，然后才决定是否购买。当然，并非这类顾客有意磨叽，而是时代发展太快，有很多东西他们不了解，所以做决定前往往会比较谨慎。

销售员在向这类顾客介绍产品时，要表现出足够的耐心，言辞清晰，态度诚恳，同时表现出对他们的关怀。介绍完后，销售员切忌给他们施压或督促他们，因为他们对这些很敏感，也很反感。若是因此“引爆”了他们的脾气，最后下不来台的还是销售员。所以销售员不妨多花点时间和他们谈心，聊聊他们的儿女孙辈，这样很容易和他们建立感情。感情到位了，不但可以和他们做成生意，而且未来说不定还会成为朋友。这样，他们以后再买什么东西时，还会找到你的门上。

2．中年顾客的行为心理分析

中年顾客大多事业有成，家庭稳固，他们对自己的未来以及家庭的未来都格外重视。大多数场合，这类顾客都是购物的主要决策者，而且只要产品确实符合他们的要求，往往很快就可以买下来。

销售员在向这类顾客推荐产品时，最有效的策略就是变相表达对他们的家庭、家人的羡慕及赞美之情。当然，对于一些更为热情的顾客，可以适当拍他们的马屁，比如对他们事业的成功表达敬佩之情等。顾客一高兴，生意自然成。

3．年轻夫妇的购物心理分析

刚谈恋爱时，年轻情侣的花钱模式或许可以用大手大脚来形容，一旦结为夫妇，他们花钱的动作就会有所收敛。销售员在和这类顾客交谈时，不妨借鉴与老年顾客的沟通方式，也可以博得他们的好感。年轻夫妇的思想一般都较为乐观，所以销售员只要表现出足够的诚心，他们是很少会拒绝的。另外，销售员在介绍产品时，也要善于刺激他们的购买欲望。

4．时尚青年的购物心理分析

这类顾客多属于未婚青年，购物节奏方面喜欢紧随时代潮流，追求时髦个性。销售员不仅要向他们介绍最前沿的产品，还要在和他们沟通的过程中用最流行的语言、观点、思维等和他们互动。一旦他们把销售员当作“自己人”，购买产品就是“分分钟”的事情。

“80后”“90后”顾客消费行为的特点

曾经集万千宠爱于一身，又被担心是垮掉的一代的“80后”如今多已成家立业，成为社会的中坚力量；紧随“80后”，被大众称为“玩的酷、靠得住”的“90后”们也纷纷踏入社会，开始为自己的理想、抱负打拼。与他们鲜明的个性遥相呼应的是他们的消费行为。作为商家也好，销售员也罢，唯有真正解读他们的消费心理，才可以把握未来时代潮流的发展趋势。

1.“80后”的消费特点

（1）独立、叛逆

从顾客行为心理学的角度讲，“80后”很容易因为过多的呵护而产生逆反心理。这类顾客一般不喜欢他人过多干预自己的决策，也不喜欢对他人的行为指手画脚，因为在他们眼里，每个人都是独立的。可以说，东西方文化上的差异在“80后”身上已经越来越小。

（2）新鲜、刺激

“80后”喜欢刺激、新颖的生活方式，对新产品的尝试也很向往，不过忠诚度一般。“80后”顾客是在参差不齐的海量广告氛围中长大的，哪些广告是可信的，哪些是有水分的，他们都有自己的判断，而且他们对自己这种感觉还是非常有信心的。有时候，为了追求刺激，尝试新鲜，他们会非常耐心地搜索各种信息，寻找他们想要的产品。

（3）时尚、个性

“80后”成长于中国社会由计划经济向市场经济转变的时期，生活水平较自己的父辈都有了质的提高，这也养成了他们非常个性、自我的性格特征。他们不满足于既有的标准化、模式化、崇尚风格化的消费观念。与“90后”相比，“80后”对时尚的追求相对理性，但更为理想化。而且在追逐的过程中，自我的消费欲望以及特定需求很强烈。

（4）冲动、超前

“80后”一般都出生于“4-2-1”的家庭组合，所以从小就受到爷爷奶奶、外公外婆以及父母的精心呵护，以自我为中心的价值观很强烈。他们一般都是衣来伸手，饭来张口，所以潜意识里“想要就一定有”的观念也很强烈，有时候即便经济条件不允许，他们也会受到自身情绪的强烈影响，而做出与自身收入不成比例的购买决定。另外，“80后”也是中国信用卡消费的主要人群，这一方面大大缓解了他们大手大脚的经济限制，也助长了他们超前消费的行为。

2.“90后”的消费特点

（1）虚拟现实

随着互联网的普及以及各种移动设备、智能手机的广泛应用，“90后”对外界的了解以及接触越来越依赖网络，这种趋势也让越来越多的“90后”成为“宅男”“宅女”之类群体的代表。他们也知道网络上的时尚与新鲜不一定有什么现实的价值，但同时认为可以带给他们不一样的新鲜感和好心情，所以在他们眼里，网络世界比现实世界更重要。

（2）广告效应

“90后”对情感、炫耀以及符号性价值的要求，远远超过商品或服务本身的使用价值，只要看一眼如今电视上盛行的广告，就可以了解“90后”的品位。比如看着柔情的周杰伦手捧着奶茶，用一番甜言蜜语博得身边漂亮女生的欢心，以及两人边喝茶边度过浪漫温馨时刻的广告，就可以明白周杰伦为优乐美代言的广告主要针对的消费群体。帅气的王力宏手握尼康数码相机无意间拍到一位美女，便一路追寻，让“90后”在观看的时候得到梦想的生活和欲望的满足。

（3）网购新贵

虽然在绝对人数上，“90后”略逊于“80后”，但喜欢网购确实也是“90后”区别于其他不同年龄段顾客的一个明显特征。当然，“80后”多已有了自己的工作、稳定的收入，而“90后”还有多半在学校，所以绝对人数并不能真正说明什么。在具体购买的产品方面，“90后”更喜欢去网上淘一些价格更便宜的相同款式的手机、化妆品或服装等。

不同职业顾客的行为心理分析

人是环境的产物，而且人的思维、意识等发展也无时无刻不在受环境的影响。踏入社会之前，人们或许更多地受到家庭、老师、书籍的影响，进入社会后，人们从事着不同的行业，做着不同的工作，所以受到的影响更多地来自所在的行业、所从事的事业等。销售员在销售过程中，也应该意识到，随着社会日趋复杂，分工越来越细，职业对一个人的影响力也在日益加深。可以这样讲，职业特征直接影响着人们对商品的偏好。

1. 专家型顾客

面对专家型顾客，销售员只要在尊重的基础上，提供能够满足他们需求的产品或服务，展示自信和良好的服务态度即可，切不可盲目推荐，引起顾客反感或让自己出丑。这类顾客进店后，一般会发生以下三种消费行为：直奔主题；重点求助；消费计划明确，但为了展示自己的专业水平或者“考核”业务员，有意提出刁难的问题。

作为销售员，在面对第一类专家型顾客时，应充分尊重消费者的选择。面对第二类，销售员首先要明确顾客重点求助的点在哪里，然后诚恳地向其介绍商品的品牌信息，以及价格上的差异，或生产厂家的品牌价值等。面对故意“考验”销售员的专家型顾客，销售员首先要表示尊重，如果对方提出的问题自己无法解答，不妨谦虚地笑着说："抱歉，您提出的问题很专业，我想还是请我们的经理为您提供更专业化的解答吧！"

2. 企业家型顾客

这类顾客的思想一般都较为积极，心胸也很开阔。他们可以当场决定是否要购买，而且对交易的大局掌控力也比一般顾客强。销售员在接待这类顾客时，不妨对他们事业上的成就表示赞赏，激起他们的自负心理。等他们的心"飘"起来之后，再简单地对产品做一番介绍，成交就相对容易许多。

3. 经理人型顾客

这类顾客的头脑精明，在销售员面前，态度有时候会很傲慢。他们习惯性地以当时的心情对商品做出评价，而且不喜欢承受来自外界的压力，只希望按照自己的计划做分内的事情。这类顾客如果较起真来，一般的销售员很难驾驭。不过，销售员不能因为顾客难缠就主动放弃，只要抱着谦卑的心态，诚恳地向顾客进行相关说明，顾客很容易被你的敬业打动，成交也就会多一份保障。

4. 公务员型顾客

这类顾客做事、决策普遍较为谨慎，所以即便销售员把产品的优点都做了说明，他们也不会随便相信。面对这类顾客，销售员刚开始可以通过保守的介绍给对方施加压力，然后慢慢逼近，到最后再强势进攻。

5. 医师型顾客

这类顾客身上知识分子的气息较为浓厚，而且思想偏保守，一般只有明确了产品的价值后才会购买。销售员在介绍产品时，应该尽可能多地展示自己在这一领域的专业知识以及权威，让顾客相信你，认可你的产品。

6. 警官型顾客

这类顾客的疑心普遍较重，而且喜欢挑剔。不过，他们为自己的职业深深自豪，所以销售员在接待这类顾客时，可以适当夸赞他们，这样有利于成交。但必须谨记，适当夸赞是最好的选择，过度只会适得其反。

7. 工程师型顾客

这类顾客的理性气质最为明显，他们一般不会用感情支配自己的购买行为。这类顾客头脑清晰，思维敏捷，遇事总喜欢刨根问底，所以销售员在接待这类顾客时，除了要储备好足够的专业知识，还需要具有足够的耐心。销售员把属于自己的工作做到位了，接下来顾客是否购买，就看他们自己了。重要的是，销售员不能见风使舵，而要充分尊重他们自由选择的权利。

8. 教授型顾客

这类顾客属于典型的思索家，情绪控制得超级稳定，一般人很难从他们的面部表情或者肢体动作中发现他们的喜好。另外，他们看问题的角度有时候很别致，经常提一些让销售员摸不着头脑的问题。面对这类顾客，销售员可以适度奉承，但要抱着一种向对方学习的态度多请教。

9. 银行职员型顾客

这类顾客喜欢有系统的事物有条理的摆设，所以销售员对产品的说明和摆设形式等都会对他们的购买行为产生直观的影响。

10. 普通职员型顾客

这类顾客属于典型的居家过日子的老百姓，他们不会轻易相信他人，也不会随意挥霍金钱。他们购买的产品主要是锅碗瓢盆等家庭日用品，油盐酱醋等生活必需品。面对这类顾客，销售员只需了解对方的实际需求，运用常见的促销手段促销即可。

11. 护士型顾客

这类顾客一般都有较为积极的态度，乐观的胸怀，人生追求不是很大，但对美好生活的憧憬非常执着。销售员在接待这类顾客时，只要抱着热情的态度把产品介绍到位，对方一般都会购买。另外，护士多为女性，这类职业也很受社会尊重，所以销售员在推荐产品的时候，为了有效促成交易，不要忘了对她们“天使”的身份表示赞美。

12. 教师型顾客

这类顾客在讲堂上或许能够滔滔不绝，但在日常生活中未必就口若悬河。他们在某一方面的专业知识或许较为丰富，但思想还是偏于保守，对事情在真正理解之前一般不会投入。销售员在推荐产品时，不妨听听他们的意见，并真诚地和他们沟通，销售工作一般不难做。

13. 退休工人型顾客

这类顾客的生活一般比较悠闲、缓慢，他们没有迫切需要购买的产品，所以购买行为比较随意。不过，这类顾客对自己的健康非常关注，销售员在推荐产品时，除了引导他们购买和健康有关的产品外，在介绍其性能等方面，也应往这方面倾斜。

14. 农民型顾客

这类顾客思想虽然保守，但待人真诚、热情，做事独立，善于接受他人意见。向这类顾客推荐产品，销售员可以用积极而附带情绪化的介绍打动顾客，一般较为有效。另外，只要博得了他们的信任，这类顾客会很忠诚。当然，即便有些顾客穿着打扮不怎么得体，销售员也要在各方面注意自己的礼节。

15. 销售型顾客

俗话说，“老乡见老乡，两眼泪汪汪”。现在是，“同行遇同行，惺惺惜惺惺”。虽然同为销售员，所采用的销售策略都大同小异，但销售的产品未必一样。其实，销售员遇到销售员利弊相当，如果他们不是很排斥这款产品，不管实际用处的大小、买不买都会很爽快。所以销售员向这些顾客推荐产品，重点应该放在给对方一个购买的理由。

不同文化的顾客购买行为

作为社会中的个体，人是在与文化的相互作用中成长的，文化环境影响着人的心理发展和行为，同时也影响着顾客的消费行为。顾客的消费观念，从某种程度上讲，也是一个民族文化核心价值观的体现，比如西方国家，崇尚自由，思想开放，消费一般都较为超前，而中国人的消费观念虽然现在已经多有改观，但依然偏于保守。下面可以分析一下中国人的文化特点，看看中国人与西方人在购买行为上的差异。

1. 勤俭知足的思维观念

中国传统文化中“存天理，灭人欲”的观念较为深入人心，所以不管是家庭还是个人消费方面都主张量入为出，反对铺张浪费。现在中国经济虽然发展很快，人们的消费观念也大为改观，但勤俭知足的思维还是在很大程度上制约着人们的消费模式。

2. 以和为贵的思想理念

在中国文化中，与“和”相关的思想很多，比如“和为贵”“和气生财”“和而不同”等，可见中国人比较注重和谐与统一。大多数顾客在遇到不满意的消费时，往往选择忍气吞声，很少通过合法投诉等手段保障自己的权益。当然，就营造良好的消费环境而言，这种做法是不可取的，事实上，现在很多消费者已经在通过各种渠道维护自己的利益。当然，涉及一些商家的小失误或者过错等，顾客还是会选择以和为贵。

3. 先义后利的价值取向

先义后利是中国传统文化的核心价值观之一，虽然现在的很多聪明的厂商在和顾客博弈中，都将“义”“利”并重，但为了长远利益，以及维护顾客的“利”，“义字当先”也就成了企业诚信的典范。对于顾客而言，得到了他们的“义”，自然也就得到了相应的“利”。所以，顾客往往会购买有诚信的商家的产品，并注重他们的售后服务。

4. 诚实守信的处世原则

中国消费者一般都具有较高的品牌忠诚度和企业忠诚度，他们一般只选择值得信任的品牌，这也是标准化品牌信号传递的意义所在。当然，他们也乐意购买熟人推荐的产品，这就是市场经济下消费者对“诚信”的解读。

5. 好古薄今的守旧思维

守旧就是因循守旧、无冒险精神等，就中国目前的情况来看，都市年轻人的消费观念都较为时尚，但稍微年长的人以及经济条件不是很好的农村青年，其守旧思想依然相当严重。事实证明，敢于尝试新鲜事物才会有新的认识和收获。

与中国人的传统文化、消费行为相比，西方社会的消费者在各方面都存在着较大的差异。当然，同为西方社会的人，法国人和美国人的消费行为依然存在差异，下面就以买车为例，看看他们的行为有哪些特点。

霍华德是美国人，普通的上班族，某个周日的早晨他走进公司附近的4S店，一边吃着人家免费提供的汉堡，一边听着销售员殷勤地唠叨。用不了多长时间，交钱、拿钥匙、走人。这是美国人的购车方式，显现的也是多数美国人的购物风格。人们不禁感慨：怎么他们买个车就像去肯德基买个炸鸡那样随意呢?

莫里斯是法国一家服装厂的经理，近期也打算买一辆车，不过与霍华德相比，他的购车行为就像是从经典油画中走出来的贵族。有了购车的想法后，莫里斯先漫步到经销商那里订购，数星期后，车被送到他的住处。

李兵，35岁，刚成为北京一家中等餐厅的厨师长，打算买一辆车。不过，他的买车经历就像是考了一次雅思，首先要预习功课：选哪国产的，要多大排量，选什么发动机……都要弄清楚。好像在中国买车，都必须达到博士级才不会吃亏。有时候坐在咖啡馆听一群中年人聊比亚迪S7，听完后，你基本上就可以对中国汽车产业的结构以及未来态势有了大体上的了解。

中国人买车一般都是拖儿带女，甚至有时候为了保险，还会叫上朋友，带上丈母娘。即便如此，很多顾客试完车后，还要回家上网搜索、反复研究相关信息以及试车报告等。

中国人买车感觉很累，总感觉美国人潇洒，其实，美国潇洒式购物行为的背后还体现着负债民族的某种消费冲动。很多美国人把车已经开得好远了，才突然意识到，其实他们对车的需求并不强烈，或者说原本想买一个红色时尚款的，却开着一辆酷似邮政车的“绿巨人”。有时候，他们会被销售员诱惑，买了一个1800美元的导航系统，实际上他们只需一个头顶蓝天的廉价天窗即可。

法国人喜欢订购汽车的表现，某种程度上也反映了他们悠闲的生活、贵族的气质等。据相关报道，法国制造的雷诺车60%是订购的。美国人固然潇洒，但讲求实效，所以一般不会为一辆车而等上几个星期。所以在美国，通用车的订购比例只有不到10%。

中国也有订购车，但更多的是象征或宣传。比如某款新型车，发布价格时就宣布订单无数，结果不到半年就降价促销。

其实，中国人与法国人、美国人，甚至其他文化圈中的消费方式只是存在着差别，而非差异。那是适合与否造成的差别，文化不同造成的差别，说白了，就是全家福、雪茄、汉堡之类的差别，可比性不大。

不同类型顾客的购买行为

顾客的类型按照不同的标准可以有不同的分法，比如从顾客对购买目标的选定程度可以分为确定型、半确定型以及不确定型等；按照顾客的不同性格可以分为腼腆型、固执型、爽快型、沉默型、傲慢型等。知道顾客的不同购买行为并非目的，针对他们的不同购买行为采取有针对性的策略促成交易才是根本，所以销售员除了在销售策略方面要注意灵活选择之外，对这些日常的分类也必须耳熟能详。

1. 购买目标的选定程度式分类

（1）确定型

这类顾客在进入商场之前对自己要购买的产品已经非常明确，甚至对所购产品的品牌、型号、价格等都有明确的要求。所以一旦看到这样的产品，他们就会毫不犹豫地购买。可以说，销售员一般很难干涉他们的决定。

（2）半确定型

这类顾客在进入卖场之前，脑子里会对自己所购物品有一个大致的轮廓，但具体要求不明确。比如有位顾客想买一台洗衣机，但选择什么牌子、型号、式样等，要到现场对比了之后才会做出决策。这类顾客的购买过程一般较长，销售员需要耐心讲解、仔细引导。

（3）不确定型

这类顾客之所以进入卖场，可能只是为了打发时间，所以没有明确的购买目标，只是把它当作参观、休闲的方式之一。当然，即便是随意浏览，也不能排除他们会产生购买动机。所以销售员对这类顾客也不能完全抱着顺其自然的态度。最有效的方法是以聊天的方式与对方互动，从对方嘴里挖他们平日的需求，然后有针对性地促销。

2. 顾客不同性格特征式分类

（1）沉默型

沉默型顾客对销售员的任何建议都无动于衷，完全一副胸有成竹的样子，好像在暗示，自己可以决定一切。在整个推销过程中，这类顾客的表现消极，态度冷淡，所以很容易出现僵持或尴尬的局面。遇到这类顾客，销售员应该诚恳地和他们交流，拉近彼此间的距离。比如看到顾客走进店铺，巡视柜台，认真地盯着某一款商品看。店员上前打招呼："欢迎光临。"如果顾客手上拿的商品色泽鲜艳，可以问："是给孩子买的吧？"如果拿的商品样式保守，就问："是给老人买的吗？"这两种判断未必准确，但是可以非常有效地拉近你和这类顾客的距离，而且不会引起他们的反感。

（2）腼腆型

这类顾客多性格内向，或自知有某种弱点。他们可能在和销售员沟通前已经暗示自己不要紧张，但结果反而心跳加快。腼腆型顾客的生活一般较为封闭，对外界事物内热外冷，特别是和陌生人一般都会保持一定的距离。接待这类顾客，销售员要给他们创造一种较为温馨的场景，切记不要给他们施加压力。

（3）固执型

这类顾客以中老年人居多，他们往往在消费上形成某种特别的偏好，所以对新品和新的消费模式不轻易接受。有些老年顾客，因为对时下流行的明星不感兴趣，便对他们代言的广告处处找茬。比如广告上说喝矿泉水更有利于健康，他们会以自己为例，说以前从来没喝过矿泉水，不也挺长寿的吗？销售员在接待这类顾客时，不要妄想可以在短时间内改变他们的态度，否则很容易引起他们的抵触情绪和逆反心理。具体策略有两个：一是专业的知识配合谦卑的态度，改变他们的认识；二是先顺着他们的思路和意志，最后推出明显错误的结果，从而引导他们正确的消费观。

（4）爽快型

这类顾客购物时不喜欢麻烦、啰唆，一般选商品快，掏钱也快。他们购物一般都会遵循这样的流程：多少钱——能便宜吗——好的，包起来。很多业务员在接待完这类顾客，都会幻想着，要是所有的顾客都这么爽快该多好啊。实际上，如果是在正规的不讲价的品牌店，也倒没什么损失，但有的明明可以讲价的商品，他们也会为自己的爽快承受不必要的损失。当然，这样会让很多销售员感觉惭愧。这类顾客对商家一般都会有某种信任，如果用得得体，穿得舒服，他们还会成为这里的常客，所以销售员最好不要利用他们的豪爽，而贪图一时的利润。如果哪一次他们知道自己买同样的东西却比别人花了高出一倍的钱，即便他们不上门找事，可能以后也再不登你的门了。

（5）傲慢型

这类顾客的情绪很容易激动，有时候甚至很暴躁。他们或许真的很有钱、有权，所以总会习惯性地用命令的口吻提出要求。他们对产品的质量以及服务员的态度等都有很高的要求，稍微有不顺心的地方，脾气就会爆发。只要这类顾客的言行不是太过分，销售员能忍则忍，毕竟以他们好面子的心理以及强大的财力，购物时出手会很大方，也很爽快。

后记

徒弟做好准备，师父自然会出现

书籍既是读者进步的阶梯，也是销售员提升自我的良师益友。但让书籍发挥其最大价值的并非读者的资质，也不是销售员的潜力，而是你是否做好了接纳知识的准备。这种准备既要以一定的动力为诱因，也需要以谦卑的姿态为支撑，因为你谦卑的程度直接影响着你吸纳知识的多少和持久性；同时，也要有一颗灵活的大脑为引导，辩证、驾驭学到的知识。

1. 动力

你为什么要了解顾客心理？又为什么想研究他们的行为？作为销售员，答案是显而易见的：成交！成交！再成交！但是，光有这样的冲动还不够，你必须明白自己在察言、观色、辨识顾客行为方面的优势在哪里，弱势在何处。唯有这样，你阅读本书才有重点，吸收掌握知识的效率才会提高。所以，看书之前，先花几分钟的时间反思，等方向明确了，你会发现看书的兴趣更高昂。

2. 谦卑

“满招损，谦受益”的道理小孩都懂，真正不懂的只有那些老于世故的成年人。不管是曾经的学堂，还是如今踏入的社会，都会遇到一些谦虚向他人请教的人。扪心自问一下，他们都是“差生”吗？他们都是业绩倒数的“拖后腿”员工吗？恰恰相反，真正有谦卑心态、有学习意识的，多是那些本身有基础、自认为依然有提升空间的人。2005年乔布斯在斯坦福大学做过一次著名的演讲，结尾处提到了引导自己一生的感悟：求知若饥，虚心若愚。如果乔布斯狂妄，“苹果”根本不会诞生；如果“苹果”不谦卑，乔布斯早已被淡忘。销售员如果只想靠工作养家度日，根本没必要学习什么顾客行为心理学。当然，如果你不甘于只做销售界的“士兵”，那么抱着谦卑的姿态阅读本书，说不定日后也会成为自己心目中的“将军”。

3. 灵活

顾客行为心理学属于社会科学，它与自然科学的辩证、严谨、推理不同，存在很多特殊性、偶然性。所以，如果不能灵活运用相关的规律，即便把本书的内容一字不漏地背下来，也不会对销售工作有任何益处。当然，鉴于编者的经验、能力，书中难免会出现观念上的偏差、认识上的疏漏，这更需要读者有独立的意识，灵活分析。话说回来，即便是弗洛伊德的观点，集结其后继的反对者，也可以组合成一支颇有战斗力的军队，更何况是认识顾客的行为心理。总之，读者灵活，书中遍地是黄金；读者惶恐，书中处处有地雷。

最后，请记住一句话：“徒弟做好准备，师父自然出现。”预祝大家在前往《顾客行为心理学》的阅读旅途中，心情愉快！